徳川光圀

悩み苦しみ、意志を貫いた人

吉田俊純

明石書店

まえがき

本書は拙著『水戸光圀の時代――水戸学の源流』（校倉書房、二〇〇〇年）の続編です。もし前著をお読みでないとしたら、お読みになることを希望します。

前著において私は、光圀の思想の解明に力点をおいた。そのためには、政治史的分析や農村分析も行った。本書ではそれと違って、光圀はなぜ悩まなければならなかったのか、苦しみ、それにもかかわらず志を立て、それを貫いた点を考えてみた。光圀の個人的心情の問題である。この種の問題は、儒教的道徳主義者であった光圀は、偉人であり人格者であるとされて、ほとんどまともに考察されることはなかった、といえる。

光圀が矛盾に陥り、悩み苦しんだ点に関しては、前著においても一八歳のときの立志の分析や、思想的には南朝正統論を合理化できなかったなど、和漢の折衷という難問に突き当たったこと、藩主としては農村を荒廃化させ、財政を破綻させたことを指摘した。本書においては、以下の四章によって、一方では光圀が悩み苦しんだ理由とその実態、それにもかかわらず意志を貫き通した点を考察する。

第一章「世子決定事情」では、歌舞伎者であった父頼房は正室をもたずに八人以上の側室をもった。そして、公認されただけでも二六人の子をもうけた。そのなかで久昌院《きゅうしょういん》谷《たに》久子《ひさこ》の生んだ兄頼重と光圀は、流産を命じられた。この問題を考察して、頼房には家庭的な愛情が欠けていたことを指摘した。また世子決定にあたっては、光圀を拒む頼房に対して、幕府は光圀に尾紀の世子より上の官職と同等の位階を与えるという、異例の方法によって、認めることを頼房に強要した点も新たに明らかにした。しかし、世子となった光圀は父の愛情を感じられず、歌舞伎者となった。そしてついに「十八歳の立志」（家督を兄の子に譲る・それを確実にするために子は作らない・名を伝えるために『大日本史』を編纂する）を決意するに至るのである。

第二章「初政の人事」では、儒教的道徳主義者にふさわしく、光圀は三年の喪を行って父の道を改めず、とくに人事には寛文三年（一六六三）九月一五日まで手を着けなかったとされるのに対して、水戸藩士の家譜集である『水府系纂』を厳密に分析することによって、そうではないことを明らかにした。すなわち、襲封直後の元年八月に老中の人事を行い、二年九月に奉行（若年寄にあたる）以下の役方の人事を行い、そして三年九月に番方の人事を行ったのである。これらの人事をとおして、光圀は人事の若返りと人材登用の改革を実施した。それにもかかわらず、前の二つの人事が無視されてきた理由は、光圀も家臣も武士の職務は番方＝軍事との武士の思想を堅持していたからに違いない。新藩主光圀は改革に着手する一方、道徳主義者である自己を描き出す努力を怠らなかったのである。我々としては、あまりに形式的と思えるのだが。

第三章「苦悶の西山隠棲」においては、光圀の西山荘（現茨城県常陸太田市新宿《あらじゅく》）における隠棲生活は悠々自適であったとされる通説に対して、そうではなく苦悶の生活であったと論じた。

藩主時代の光圀はさきにも述べたように、政治的に失敗し、思想的に矛盾に陥っていた。そのうえ、将軍綱吉の悪政である。光圀は政治的にも道徳的にも綱吉を批判したが、生類憐みの令以後は、それが日常化してしまった。そしてついに、光圀は事実上の処罰といえる隠居に追い込まれた。処罰、それは名を伝えるために生涯を賭けた光圀にとって、もっとも忌むべきことであった。光圀は許される日を待ったが、幕府からの疎外は強まった。光圀は夜ごとの大酒で憂さを晴らし、また救いを求めて仏教に近づいた。しかし、光圀は仏教とは一線を画した。表面上、あくまでも光圀は儒教的道徳主義者として振る舞ったのである。道徳主義者としての評価を求めていたからに違いない。

第四章「寺社整理と村落」においては、上伊勢畑村（現茨城県常陸大宮市上伊勢畑）の関連史料を使って分析した。その期間は、普通いわれているのとは違って、寛文三年（一六六三）から、寺社奉行を廃止した元禄九年（一六九六）までであると指摘した。この改革の目的は幕府の宗教政策に準拠して、一つには小寺の整理と宗門改の強化にあった。しかし、そこにとどまらずに、神仏分離と俗信の温床となる小祠の破却とを命じた。この改革が三〇年の長きにわたった理由は、民衆の生活と密着した信仰の場であった小祠の破却にあった。農民の抵抗にあい、結局、神道的小祠は鎮守の境内に寄宮《よせみや》されたのである。そして、このことは上伊勢畑のみでなく、全領に展望できると論じた。また、光圀は仏教勢力の農村からの後退を機に、人別改の権を奪ったのである。神仏分離と小祠の破却（成功しなかったが）とは、光圀がいかに思想的に厳格な人であり、さらに人別改の権を奪ったことも合わせて、光圀は何事も徹底して断行する人であったことを示している。

本書は、光圀の研究として新しい視点・新しい方法に立脚し、そして「義公行実」や『桃源遺事』などの光圀研究の基本文献とされてきたものに、厳密な史料批判を加えることによって作成されたものである。

徳川光圀——悩み苦しみ、意志を貫いた人●目次

まえがき　3

第一章　世子決定事情
一　光圀世子決定の問題点　12
二　頼房と側室たち　18
三　頼重と光圀の誕生　27
四　世子決定　34
五　父に愛されなかった光圀　46

第二章　初政の人事
一　問題の所在　68
二　役方の人事　71
三　番方の人事　82
四　寛文三年九月一五日の人事　88
五　初政の人事の意義　94

第三章　苦悶の西山隠棲

一　西山隠棲の問題点　108
二　藩政の混乱　113
三　思想的挫折　120
四　綱吉批判　124
五　隠退事情1、綱吉の警告　134
六　隠退事情2、健康問題　142
七　光圀の隠居は処罰　152
八　苦悶の西山隠棲　159

第四章　寺社整理と村落

一　研究史と問題点　186
二　寺社整理の方針　189
三　寛文初年の上伊勢畑村の実態　193
四　整理事業の進行と民衆の抵抗　200
五　寺社整理の終焉と宗教統制政策の改正　212

あとがき　221
初出一覧　223

第一章　世子決定事情

一　光圀世子決定の問題点

光圀の父である水戸藩初代藩主徳川頼房《よりふさ》は、側室であった久昌院谷久子《きゅうしょういんたにひさこ》の生んだ二人の子、すなわち最初の子で長男の頼重《よりしげ》と七番目の子で三男の光圀の出生にあたって、流産を命じた。そのために二人は重臣三木之次《ゆきつぐ》夫妻の手によって、密かに頼重は江戸の三木邸で、光圀は水戸の三木邸で出生し、養育されたのであった。その後、頼重は京都へ送られた。そして、寛永一〇年(一六三三)の将軍家光の命による世子選定には、付家老中山信吉《のぶよし》が水戸に派遣されて、光圀が選ばれた。

この間の立論は、立原翠軒《たちはらすいけん》の『西山遺聞《せいざんいぶん》』中の「威公御妾媵《しょうよう》の事」に依拠してきた、といえる。そこで最初にそれを紹介する。なお長文になるので傍注・割注と直接この問題と関係のない最後の部分は省略した(1)。

威公(頼房の諡号《しごう》、注吉田、以下同じ)妾媵之内にてハ寿光院様最尊、次にハ円理院様おかち御料と云て甚《はなはだ》権威あり。諸妾懐孕《かいよう》之時には必堕胎せしむ。久昌院様英公(頼重の諡号)ヲ御懐孕之時、堕胎せしめよとありし時、武佐《むさ》殿(三木之次の妻)我宿にて下すへしと申て、糀町一町目の町屋へ下し奉りて、潜《ひそか》に免身せしめ、御誕生の男子をかくしそたて、京都へ遣す。滋野井《しげのい》殿(権大納言季吉《すえよし》、三木夫妻の娘の夫)の養子となし、御成長の後出家セしめ慈済院（天龍寺の塔頭《たっちゅう》）の弟子となり給ふ。
西山公御懐孕之時も、水戸にて如レ此《かくのごとく》して柵町の家にて御産あるをかくしおき、四歳までそだて奉る。故備前守（付家老中山信吉）御城にて諸の御子達を見奉りし時、西山公備前守膝の上に御坐ありしを感し奉り、必御迎を奉るへしと申て江戸へ参り、英勝院（家康の側室、頼房の養母）へ申て、将軍家へ上達す。其時ハ真源院様（支藩守山藩祖、頼房四男頼元）御惣領に立給ふへきを、将軍家成長の男子ありと聞召及はる由御尋あるにより、五歳の時江戸へ召させらるへき由、御内意あり。六歳の時御上り、御目見《おめみえ》ありし也。

もちろん、翠軒の見解を盲目的に踏襲してきたのではない。ほかの史料、藩選の光圀の正伝といえる「義公行実《ぎこうぎょうじつ》」や、藩選の光圀の逸話集といえる『桃源遺事』などによって、修正・発展された。大きくは二点ある。第一に堕胎させたのは円理院一人に集中された。第二に頼元が家督の候補であるよりも、兄頼重が問題視されるようになった。

それにもかかわらず、大筋において翠軒の見解を踏襲してきたといってよい。とくに方法となると、よりいっそうである。歴史学者として翠軒は史料の博捜に努めた人であったが、欠点はそれを分析し解釈しようとしない点にあった。(2) 右の翠軒の短文がいかに博捜のうえに書かれているか。実は割注のために省略したが、久昌院谷氏が側室に上がるときの事情を伝えた「栗田嘉休見聞抄」と、頼重出生の事情を伝えた「三浦市右衛門覚書」が記されている（なお、これらの史料に関しては後に取り上げる）。引用した本文は出典が記されていないが、「義公行実」などの史料を博捜した成果として書かれたと認めてさしつかえない。それだからこそ、大筋で長く踏襲されてきたのである。

しかしながら、史実の発見には努めるが、それらを分析し解釈しようとしない翠軒のような方法は、大きな疑問を残すことになる。それは多々あるが、最大の問題は、二人の息子の出生にあたっても、世子選定にあたっても、父親たる頼房の意志がみえてこない点である。頼房は人に依頼する意志の弱い人だったのであろうか。当然のこととして最近の光圀研究では、この問題を克服しようと努力する方向にあった。

野口武彦は、光圀研究の基本的史料の一つである、西山荘で光圀の侍医を勤めた井上玄桐《げんとう》によって、光圀の死後間もない元禄一五年（一七〇二）に書かれた『玄桐筆記』に、次の一項があるのに着目して、仮説をたてた(3)。

亀丸様ハ御生質御虚弱にて、御成長被レ遊かたく見へさせ給ひぬ。去るによって、ある時、威公御戯《たわむれ》のやうに、御長（光圀の幼名、注吉田）をは汝の養子にセよと被レ仰ける。それよりをれか御長と被レ仰けり。御啼声《なきごえ》を聞召てハ、何とてをれか御長を啼するそと御腹立有しと也。亀丸様御四歳の事也。世子に立給ふ前表にこそと後に申けるよし、高尾毎度申されき。左近語

頼房の二男で円理院佐々木勝《かち》の生んだ亀丸は、光圀が誕生した五ヶ月後の寛永五年（一六二八）一一月に夭折したが、頼房は虚弱な亀丸に見切りをつけて、この年就藩したときに誕生したばか

りの光圀に会い、「世子への期待をかけ」た、と野口は推測した。そこにとどまらずに、堕胎を命じたのも「見せかけ」で、円理院からの圧迫をさけるために三木夫妻に養育を託したのだと推論した(4)。

瀬谷義彦は、次のように論じた。頼房養母の英勝院が三木夫妻の懇願を受けて、将軍家光に世子決定を働きかけた。『徳川実紀』によると、中山信吉が選定に水戸に派遣された寛永一〇年（一六三三）五月前後に、家光は江戸城中で五回、頼房と会見し、また英勝院の甥の太田資宗《すけむね》をこの間に数回、水戸邸に派遣しているから、家光は頼房を説得したのだろうと推測した。そして、家光は「英勝院から強く要望された光圀を、世子に立てる」方針であったと論じた(5)。

鈴木暎一は、野口・瀬谷の学説を肯定的にとらえて、次のように論じた。すなわち、『玄桐筆記』の伝える頼房が光圀を「御長」と呼んだことから、「長男として遇していた」と認めた。また、「表向き堕胎を命じ」たのは、円理院対策であり、三木夫妻に養育を依頼したのだと。一方、頼重がそのように扱われなかった理由は、「栗田嘉休見聞抄」を引用して、「正式に側室として採用される以前の懐妊だった」からだと論じた(6)。

世子決定に関しては、次のように論じた。円理院への配慮から頼房は慎重に事を運んだ。「三木夫妻と事前に打合せをしたうえで世子の件を英勝院に相談しその同意をえた。あるいはもともと頼房の内意を知る英勝院から」話があった。中山が寛永一〇年（一六三三）五月に水戸に選定に赴いたのは形式的な儀礼に過ぎなかった。この時期に江戸城で家光と頼房が何回も会見していること、英勝院の甥の太田資宗が水戸邸に二回派遣されているのは、「秘密裏に事を運んだ」ことを示していると論じた(7)。

右の三人の学説は容認できるであろうか。まず、『玄桐筆記』で左近の伝える高尾の回想を確認しよう。左近とは、光圀の妻近衛尋子に付人として京都から来た女性である(8)。西山荘では光圀の最期にあたって、「此数日前より女房達御前へ出入事をゆるし給ハす。只左近の局壱人そゆるされける(9)」と伝えられるほど信任の厚かった女性である。高尾は、元禄九年（一六九六）九月一四日に光圀が水戸の高尾の家を訪ねており(10)、また「老女高尾の局か許《もと》の花を見て(11)」との詞書《ことばがき》をそえた光圀の和歌も残されている。高尾も光圀に信頼された老女であった。こうした二人の伝える話であるから、事実であると認めたくなる。

しかし、この種の話はより信頼度の高い、「義公行実」にも『桃源遺事』にも記載されていない。実はこの話は、『玄桐筆記』の第一項として記されている。なぜ玄桐は、この話を最初に記したのであろうか。それはおそらく、元禄一四年（一七〇一）六月に完成した「義公行実」にも、同年一二月に完成した『桃源遺事』にも、この話が記載されていなかったので、その後、翌年五、六月ころに玄桐が執筆したときに、こんな重要な話が脱落しているとの、思いを込めて巻頭に記したに違いない。生まれたころから、光圀は頼房に愛されていたことを暗示する、またとない証拠となる話だからである。

このまたとない逸話を、なぜ「義公行実」を編纂した安積澹泊《あさかたんぱく》らの彰考館総裁たちと、晩年の側近であった三木之幹を含む『桃源遺事』の編纂者たちは、採用しなかったのであろうか。彼らは、『桃源遺事』が最後に、「右は西山公（光圀の通称、注吉田）御一代之事共、逐一其《その》証拠を正し記《しるし》畢《おわん》ぬ(12)」と記したように、たしかと認められたことだけを記載したのである。それでは、なぜ不確実な話と判断されたのであろうか。

玄桐は、左近が高尾から聞いた話として伝えている。すなわち、又聞きである。当然正確さは疑われる。また「汝」が誰か不明確である。高尾だとすると、「威公御戯のやうに、御長をは汝の養子にセよと被レ仰ける」とは、高尾が頼房から光圀の養母になれと戯れとはいえ、いわれたという内容である。それでは本人が、主君の母になれたかもと「毎度申」していたということになるから、事実とすれば非常に僭越な話である。この話は左近が玄桐に語ったというのだから、西山荘に勤仕していた多くの人が知っていたとみなしてよいと思われるが、話が違っていたか、僭越で証拠もない話なので、誰も取り合わなかったのではないだろうか。

しかし、私は「汝」は亀丸と解するが、この話は当時、承認されなかった。『桃源遺事』に次のように記されている点が重要である(13)。

御母公西山公を御懐胎なされ候節、故有て水になし申様にと頼房公仁兵衛（三木の通称、注吉田）夫婦に仰付られ候所に、仁兵衛私宅にて密《ひそか》に御誕生なし奉り、深く隠し御養育仕候。

三木夫妻は、なぜ秘密裏に養育したのであろうか。見つかれば、殺される可能性が大きかったからに違いない。光圀は誕生以来、こうした緊張した環境のなかに置かれていたのである。三木之幹たちは、こうした事実のみが確認できたのである。

英勝院に関しては、高松藩の記録によると、もっと積極的で重要である。ただし、英勝院の意向は光圀にあったのではなく、頼重にあったと記されている。この点は次節以下で述べる。

これまでの光圀の伝記を読むとき、光圀は名君であり偉人であるとの評価が先行しすぎている。そして、少なくとも世子となって以後は、父頼房とのよき関係が強調される。それは翠軒以来というよりも、光圀の事蹟を伝えた「義公行実」『桃源遺事』以来といえる。

彼らは水戸家の家臣であったから、「溢美」[14]に伝える立場にあった。このような伝統的な光圀観から離れて、我々はさらに史料を博捜し、それを厳密に分析し解釈しなければならない。私は先に『水戸光圀の時代――水戸学の源流』を刊行したが、そこでは光圀の実績と思想を取り扱い、伝記的な問題には深入りしなかった。本稿においては残された問題の一つである、世子決定事情に関して考察しようと思う。

二　頼房と側室たち

光圀の父徳川頼房は、慶長八年（一六〇三）八月一〇日に徳川家康の一一男として、正木氏養珠院お万の方を母として生まれたが、慶長一五年七月に同じ家康の側室の太田氏英勝院お梶の方の養子となった。四歳の慶長一一年九月に常陸下妻一〇万石に封じられ、同一四年一二月に水戸二五万石に転封された。元和八年（一六二二）に三万石加増され、さらに寛永一八年（一六四一）の検地で三六万石を打ち出した。

頼房は将軍家を支える御三家の一つ、水戸家の藩祖であるが、御三家のなかで水戸家は尾紀に比べて一格、下であった。知行高をみても尾張家は六二万石、紀伊家は五五万石で水戸家は半分程度である。官位をみても尾紀の極官は従二位権大納言であったが、水戸家は従三位権中納言であった。そのかわり、江戸に近い水戸を居城とした水戸家は定府《じょうふ》であり、参勤交代をせずに常に将軍家を支える立場にあった。ただし、頼房と光圀までは、しばしば帰国した。

頼房は「公資性剛毅ニシテ勇武人ニ過玉フ」(15)と、武勇の人であったと伝えられる。逸話は省略するが、光圀も父の武勇談を「故中納言殿の御事、いろ〳〵武勇の御物語多し」(16)と日乗が記したように、よく語ったようである。(17)武勇の人であった頼房は、若いときには歌舞伎者であった。(18)

公壮年ノ時、衣服佩刀ミナ異形《いぎょう》ヲ好玉ヒ、頗《すこぶ》ル行儀度《ど》アラス。幕府信吉ヲ召テ、譴責アラントス。

そのために中山信吉が必死の諫言をしたと伝えられる。戦国の風そのままといってよい一七世紀初期、時代に遅れて生まれた勇猛な若い武士たちは、歌舞伎者になって憂さを晴らした。頼房もその一人だったのである。そして、女遊びを覚えた。

表は、頼房の子女をみたものである。頼房には公認された子として男子一一人女子一五人、合計二六人の子があった。このほかに『日乗上人日記』によれば、光圀は元禄五年（一六九二）四月三日に江戸浅草の清光寺の住職と会っているが[19]、編纂者は「頼房の落胤」と注記している[20]。また『松平頼重伝』によれば、頼重は頼房の子大久保公忠を三〇〇〇石の重臣に登用したと記している[21]。

頼房は公認されただけでも二六人の子女をもうけたが、この数字はなにを意味しているであろうか。一つには多すぎると思われるが、大名の大きな職務の一つは血統を絶やさないために、複数の男子をもうけることであった。そこにとどまらず、御家の安泰・発展のために沢山もうける

母	成人後の地位
谷久子	高松藩祖
佐々木勝	松殿道昭室
佐々木勝	
佐々木勝	2000 石家老太田資政室
藤原氏	
野沢喜佐	将軍家光養女、加賀前田光高室
谷久子	水戸家相続
佐々木勝	1000 石家老松平康兼室
藤原氏	鎌倉英勝寺養女
佐々木勝	守山藩祖
藤原氏	府中藩祖
三木玉	3000 石家臣
佐々木勝	宍戸藩祖
藤原氏	3000 石家臣長倉松平家祖
丹波氏	3000 石家臣
藤原氏	1万石家老山野辺義賢室
丹波氏	3000 石家臣
某氏	明石3万石本多正利室
藤原氏	3000 石家老雑賀重次養子
大井田七	頼重養女、肥後細川綱利室
佐々木勝	3000 石准家老真木景信室
某氏	
某氏	1000 石家老宇都宮隆綱室
大井田七	1000 石家老酒井忠治室
高野氏	2000 石家老伊藤友次室

表　頼房子女（ほかにご落胤男子二人あり）

	名前	生存年代
1	頼重	元和8年～元禄8年（1622～95）
2	通（つう）	寛永1年～寛文4年（1624～64）
3	亀丸	寛永2年～同5年（1625～28）
4	万（まん）	寛永4年～元禄2年（1627～89）
5	捨（すて）	寛永4年～同8年（1627～31）
6	亀（かめ）	寛永4年～明暦2年（1627～56）
7	光圀	寛永5年～元禄13年（1628～1700）
8	菊（きく）	寛永5年～宝永3年（1628～1706）
9	小良（こやや）	寛永5年～享保2年（1628～1717）
10	頼元	寛永6年～元禄6年（1629～93）
11	頼隆	寛永6年～宝永4年（1629～1707）
12	頼利	寛永7年～延宝2年（1630～74）
13	頼雄	寛永7年～元禄10年（1630～97）
14	頼泰	寛永8年～享保2年（1631～1717）
15	頼以	寛永8年～寛文4年（1631～64）
16	律（りつ）	寛永9年～正徳1年（1631～1711）
17	房時	寛永10年～天和2年（1633～82）
18	不利（ふり）	寛永10年～寛文7年（1633～67）
19	重義	寛永11年～寛文8年（1634～68）
20	犬（いぬ）	寛永11年～延宝3年（1634～75）
21	藤（ふじ）	寛永12年～天和1年（1635～81）
22	竹（たけ）	寛永13年～同14年（1636～37）
23	梅（うめ）	寛永15年～元禄13年（1638～1700）
24	市（いち）	寛永16年～宝永2年（1639～1705）
25	助（すけ）	慶安2年～宝永6年（1649～1709）
26	松（まつ）	早世

出典は本書24頁に記載の水戸徳川家諸系譜。

ことが期待された。父の家康は自覚してこのことを実行し、男子一一人女子五人、合計一六人の子をもうけた。夭折した二人を除き、成人した彼らは徳川政権の成立と安定のために、大きく貢献した。

しかし、太平の世となった頼房の時代にあっては、兄弟たちの家では子供の数は少なく、家庭的であった。二代将軍秀忠は男子四人女子五人、合計九人の子をもうけた。このうち七人が正室の織田信長の姪、於江与《おえよ》の方の所生である。そのうえ勝気な於江与の方は側室を認めなかった。そのため末子で妾腹の子であった松平正之《まさゆき》は、「故ありて御子の数になされず」、七歳のとき「保《ほ》科《しな》肥後守正光に養育すべきよし密旨あり」て、保科家を相続したのであった(22)。

ほかの成人した男子は三代将軍家光と徳川忠長である。女子もきちんとしたところに嫁いだ。すなわち、豊臣秀頼（後に本多忠刻《ただとき》）・前田家・越前松平家・京極家、そして後水尾《ごみずのお》天皇の皇后になった東福門院である(23)。

尾張義直には正室の浅野幸長の娘に子ができず、側室の津田氏の生んだ一男一女の子があった。息子はもちろん二代光友である。娘は広幡大納言に嫁した。紀伊頼宣の正室、加藤清正の娘にも子ができず、四人の側室から三男二女の五人の子をもうけた。男子一人は夭折したが、二人の息子は二代光貞と西条松平家初代の頼純である。娘は鳥取池田家と家光の正室鷹司氏の弟で江戸に召された松平信平に嫁した(24)。

頼房の兄弟たちは大大名家から正室を迎え、側室をもったとしても子供の数は家庭的な範囲にとどまった。成人した男子は将軍・大名となり、女子は大大名や天皇・公家（頼宣の娘はこれに準じる）に嫁した。みな徳川政権の安定に寄与したといえる。

二六人の子女をもうけた頼房は正室をもたなかった。頼房の側室としては八人確認できるが、それ以上いたことはたしかである。[25]およそ家庭的でない。それではどのような女性が側室になったのであろうか。

表の1と7の頼重と光圀の母は、すでに述べたように久昌院谷久子である。彼女は鳥居忠政の家臣であった谷重則の娘であったが[26]、水戸家に老女として仕えていた母の側にいたので、頼房の寵愛をえたと伝えられる[27]。

2の通《つう》、3の亀丸、4の万《まん》、8の菊《きく》、10の頼元、13の頼雄《よりお》、21の藤《ふじ》の母は、円理院佐々木勝である。彼女は生駒一正の家臣、佐々木政勝の娘である。弟の藤川正盈は『水府系纂』に、「元和六年威公ニ奉仕ス、時ニ九歳ナリ。姉円理院ト同居シ、奥方ニ於テ勤仕ス」と記されている。彼女は慶長七年（一六〇二）生まれであるから[28]、元和六年（一六二〇）には一九歳であった。頼房の寵愛を受けるようになったので、弟も召抱えられたといえる。女中奉公をしていたのであろう。

5の捨《すて》、9の小良《こやや》、11の頼隆、14の頼泰、16の律《りつ》、19の重義の母は寿光院藤原氏である。彼女は興正寺権僧正昭玄の娘である[29]。6の亀《かめ》の母は野沢喜佐である。彼女は扶持取の家臣、野沢常古某の娘で、出産後「七夜ノ中ニ死ス。十六歳」と『水府系纂』に記されている。12の頼利の母は真了院三木玉である[30]。彼女は三木之次の兄で播磨の光善寺住職長然の娘であつた。

15の頼以と17の房時の母は厚善院丹波愛である。(31) 20の犬《いぬ》と24の市《いち》の母は真善院大井田七である。(32)
25の助《すけ》の母は高野氏である。18の不利《ふり》と22の竹《たけ》と23の梅《うめ》の母は、「某氏」とのみ伝えられている。
26の松《まつ》に至っては、『徳川諸家系譜』には「女子」とあるだけであり、(33)『茨城県史料』所載の系譜には「女子早世」とあるだけである。(34)『桃源遺事』所載の系譜では、「名は松、出生数日にして早世、他諸子と前後を知らず。故にここに附す」とあって、助の前に記されている。(35)『水戸紀年』には記されていない。

水戸藩の家臣の系譜集である『水府系纂』で確認できる側室は、兄弟が召抱えられた谷久子と佐々木勝、藩士の娘であった野沢喜佐と、姪であった三木玉のみである。『水府系纂』は元禄になって編纂され始めたので、初期に退転・絶家となった家は記載されない場合が多い。実は野沢家も常古一代のみであった。記載漏れにならなかった理由は、将軍の養女となり、加賀百万石に嫁した亀の実家だったからであろう。亀ほど栄進しなかったとしても、家臣の娘であったとしたならば、側室となり主君の子を生むことは名誉なことなのであるから系譜に記載し、また絶家になったとしても『水府系纂』は記載したであろう。そこでいえることは、残った四人プラスαの側室たちは、水戸藩士の娘ではなかった可能性が高いことである。そのうえ、不利・竹・梅・松の母親の姓名は不明である。なぜ名前が伝わらなかったのか。その理由は、女子のみ生んだ身分の低い女性だったからに違いない。

大名の子、とくに若君を生んだ側室は厚遇されるのが普通である。かならず召抱えなければばならないということではないが、それは谷氏や藤川氏にみられたように、一族・兄弟の新規召抱えとなる。しかし、藤原氏と丹波氏にはこの形跡がない。藤原氏は僧侶の娘であるから、兄弟がなかったのであろうか。女子のみ生んだ二人プラスαにもこのことはなかった。

　右のことから、頼房は正規の手続きをへて側室を迎えたのではなく、三木玉のような例外はあるが、女中奉公に屋敷に上がっていた女性や、出先で身分の低い女性たちに手を付けていったことが連想されるのである。

　それでは生まれた子女は、どうなったのであろうか。御三家の子女にふさわしい地位をえたであろうか。誕生した二六人の子女のうち一男三女は早世して、成人したのは男子一〇人女子一二人、合計二二人である。(36)

　男子のうち大名になったのは、頼重（高松一二万石）、光圀、頼元（守山二万石）、頼隆（府中二万石）、頼雄（宍戸《ししど》一万石）のみである。残りの頼利・頼泰・頼以・房時は光圀が寛文元年（一六六一）に相続したときに領内の地三千石をそれぞれに分知しただけで終わった。(37)また重義は三千石の家臣雑賀《さいか》家を相続した。

　女子のうち大名・公家に嫁したのは、通（松殿道昭室）、亀（家光養女、前田光高室）、不利（本多政利室）、犬（頼重養女、細川綱利室）の四人のみである。また小良《こやや》は英勝院の養女となって、鎌倉の同寺を相続した。ほかの七人は家臣に嫁いだ。すなわち、万は二千石の家老太田資政室、菊は千石の家老松平康兼室、律は一万石の家老山野辺義賢《よしかた》室、藤は三千石の准家老真木景信室、梅は千石の家老宇都宮隆綱室、市は千石の家老酒井忠治室、助は二千石の家老伊藤友次室になった。頼房の子女の地位・縁付先をみると、将軍家と尾紀とが男子はみな将軍・大名になり、女子はみな大名・天皇・公家と結婚したのに比べて、見劣りがする。男子のうち四人は三千石分知されたといっても、実質上、家臣となったのである。(38) 一人は家臣の養子になった。女子も七人が家老級とはいえ、家臣に縁付いた。

幕府としても厚遇しようと努力した、といえる。頼重は寛永一六年(一六三九)に常陸下館五万石、同一九年に讃岐高松一二万石に封じられた。頼雄は三千石を相続のときに光圀から分知されたが、天和二年(一六八二)に幕府から常陸宍戸一万石に取り立てられた。頼元と頼隆も相続のときに光圀から二万石を分知されたが、元禄一三年(一七〇〇)に幕府から陸奥守山と常陸府中の二万石にそれぞれ取り立てられた。(39) 水戸家の四連枝といわれる分家である。四家で知行高は一七万石である。これを尾紀と比べると、いかに厚遇されたかが理解される。尾張の分家は美濃高須三万石、紀伊の分家は伊予西条三万石が存続したのみである。ほかに尾張には天和三年から享保一五年(一七三〇)まで陸奥梁川三万石、(40) 紀伊には元禄一〇年から宝永二年(一七〇五)まで越前丹生《にう》三万石(41)があった。

幕府の厚遇にもかかわらず、男子のうち五人は大名になれずに家臣となった。女子も七人が家臣に嫁した。この意味するところは、頼房の子女の数の多さは常軌を逸していたことである。頼房は子供の将来を考えもしないで、水戸徳川家が必要とする家族計画をもたず、つぎからつぎへと多い年には三人も子供を誕生させたのである。

武勇に勝れ歌舞伎者であった頼房は、御三家水戸家の当主であった。成人するとともに、そのような生活態度は、公的表面的には許されなくなったに違いない。前に中山信吉が必死の諫言をしたことを記した。『水府系纂』には、次の話が伝えられている。三木之次の妻の武佐は、頼房のお気に入りの乳母の姉で、後陽成《ごようぜい》天皇の皇后の中和門院の命婦《みょうぶ》であった。妹が死んで頼房があまりに悲しむので、似ていた彼女を家康の命で頼房に附属させることを天皇に求めた。勅許が下って頼房の附属になった。そうした武佐だったから可能であったのであろう、「寛永中威公御若気ノ事共有ノ由」秀忠が「不満」に思ったので、武佐が老中土井利勝の家に行き、弁明して解決したと。

時代に遅れて生まれた頼房は勝れた武勇の才能を発揮する場をえられず、その憂さを晴らす場さえ奪われていったのである。頼房はそれを、身近かにいて思うがままになる女性たちに求めたに違いない。当然そこには真実の愛情など望むべくもなかった、といえよう。

三　頼重と光圀の誕生

元和八年（一六二二）七月一日に頼房の第一子頼重は誕生した。懐妊を知った頼房は流産を命じた。そのために江戸の三木邸で密かに出生したのだが、その事情を高松藩の「家譜」は次のよ

うに伝える。(42)

> 初め谷氏懐孕《かいよう》之際、頼房相憚《あいはばかる》義御坐候て、出生之子養育致間敷《まじく》との内意にて（此時《このとき》頼房兄尾張義直・紀伊頼宣ともに未た男子無レ之に付相憚候義の由、其後光圀も内々之次《ゆきつぐ》か別荘にて谷氏之腹に出生候得共、其節ハ尾・紀ともに男子出生以後に付、追て披露有レ之候由に御坐候）、谷氏を仁兵衛へ預け申候処、仁兵衛義窃《ひそか》に頼房養母英勝院（東照宮の妾太田氏）へ相謀り、同人内々之指揮を得候て、出生之後仁兵衛家に養育仕候。然るに江戸表に差置候ては故障之《の》次第も御座候ニ付、寛永七年庚午六月九歳にて京都へ指登し、滋野井大納言季吉卿ハ仁兵衛内縁御座候ニ付万事相頼ミ、大納言殿内々之世話にて洛西嵯峨に閑居仕候。

そして、寛永九年（一六三二）一一歳で江戸に帰ったとある。流産を命じられた三木は英勝院の指揮を受けて養育していたが、「故障」があるので九歳のときに、内縁（季吉は三木の娘の夫）のある滋野井大納言に依頼して、京都に送ったというのである。

『桃源遺事』の記載も大略同じであるが、少し違っている。一つには、京都に送ったのは二歳のときで、一六歳まで京都にいて「出家」させる予定であったと記されている。(43)この点は次に取り上げる。ここで注目したいのは、右に引用した「家譜」でカッコに入れた部分は細字注であるが、この部分がない点である。水戸に伝わった史料でこの部分を伝えているのは、一節で指摘した立原翠軒の『西山遺聞』が紹介した「三浦市右衛門覚書」である。「家譜」がこの部分を本文にしないで注記としたのは、確証がもてなかったからであろう。たしかに「追て」とあるのは多少問題があったようにも臭わすが、光圀のときには問題がなかったように記すのは、正確でない。三浦市右衛門とは、光圀は唯一の子である頼常が出生するときに流産を命じたが、伊藤玄蕃《けんば》夫妻が出産させ、頼重に依頼して高松に送ったときに、頼重の命を受けてその任にあたった人物である。[44]伊藤の依頼に頼重は次のように述べて了承したと、『桃源遺事』は伝えている。[45]

此段《このだん》頼重殿へ玄蕃ひそかに申上ければ、其方《そのほう》手前ニて養育仕候義成《なり》かたかるへし。我方へ遣《つかわ》し候へ。成長の後よきやうにこしらへ帰し申へしとて、兵部《ひょうぶ》君（頼常の通称、注吉田）を早速讃洲高松へ御むかひ取、御そたてなされ候。

なぜ頼重はただちに引取って高松に送ったのであろうか。父が自分たちにしようとしたことを、光圀が生まれてくる子にしようとしている、と認めたからに違いない。さきに引用した高松藩の「家譜」に、頼重が九歳のときに「故障」があって京都に送ったと記されていたが、「故障」とは命が危険にさらされたことを意味しているのである。

ところで、三浦は頼房・頼重と仕えたが、当時は浪人であった。[46]身分も高くなかったからこそ、密かに送り届けるのに適役とされたのであろう。したがって、三浦の覚書の信憑性は十全たりえない。右に引用しただけでも、光圀に関する説明は正しくない。そうではあっても、その任にあたった者として、三浦は彼なりに考えもし、調べもしたであろう。それ故に、彼の覚書はそれなりに重視すべきである。ここでは「此時頼房兄尾張義直・紀伊頼宣ともに未た男子無レ之に付相憚候義の由」は、一考に値する。たしかに当時、尾紀には子供が誕生していなかった。

頼房はなぜ正室を迎えなかったのであろうか。その理由として二説伝わっている。一つは翠軒が『西山遺聞』に引用した「栗田嘉休見聞抄」である。この記録は頼重と光圀の流産の問題にふれることなく、頼重でなく光圀が世子となった理由を、久昌院谷久子が奉公に出る前に、すなわち側室になる前に頼重が生まれたからだとする。信憑性の薄いものであるが、一応一見しておこう。(47)

久昌院様いまた御召仕にても無レ之内、御忍ひ御懐胎に御なり被レ成候ゆへ、源威公様御意にも久昌院様御奉公に御出候様にと、谷平右衛門妹ゆへ度々被二仰付一候得共御請不レ仕、其《その》時源威公様御意には御一生御簾中《ごれんちゅう》御入被レ成間敷《まじく》候。出し候様にと被二仰付一候。其時平右衛門御請申上候。

久子が妊娠したので頼房が「奉公」、つまり側室になるよう求めたが、兄に断られたので、頼房は「簾中」、つまり正室はもたないと約束したというのである。ここで父母が交渉相手でなく、兄が出てくるのはおかしい。『水府系纂』によると、鳥居家に仕えていた久子の父は寛永七年（一六三〇）に死亡したから、まだ生存中である。母は水戸家の老女であった。そのうえ、兄平衛門重祐が水戸藩に仕えるのは寛永中とあって、当時は保科正之に仕えていたと思われる。

武家社会にあって主君は絶対権力者であった。そのうえ、娘が主君の側室になるのは名誉なことであり、自家の繁栄ともなるから、少なくとも母は拒否できる、する立場にはいなかったといえる。(48)父も兄も異論があったとは思えない。頼房が正室をもたないなどと約束するとは、とうて

い考えられないのである。もう一つの説は一考に値する。次のように伝えられる。(49)

威公御一代御室これなき故は、威公御幼少の時台徳公《たいとく》（秀忠の諡号、注吉田）の御前にてどれぞの聟にしたしと台徳公仰られけるを、台徳公の御台所《みだいどころ》御傍におわしまして、あの様なるいたづらな人を、誰か聟にせうぞとありければ、御一代それを御腹立終《つい》に御室これなき由。

右の話をそのまま認める必要はない。ただ伝えられていないが、御三家水戸家の若い当主であった頼房には、将軍家をはじめ多方面から縁談が持ち込まれたはずである。いくら歌舞伎者であったとしても、逆にそれをやめさせるためにも。それを拒否し続けることはきわめて難しかったに違いない。それにもかかわらず、断りとおせたのは、なにか事情があって、将軍はじめ周囲のものも無理強いできなかったからではないだろうか。たしかな理由は不明であるが、頼房は正室を迎えて行動の自由を制約されることを嫌い、とくに女性に関して自由奔放に生きる道を選んだのである。

頼房がいつから女遊びを始めたか正確にはわからないが、前節でみたように円理院佐々木氏の弟藤川正盈が召抱えられたのは、元和六年（一六二〇）であった。この年、頼房は一八歳である。なお本稿での年齢はかぞえである。歌舞伎者だった青年頼房に、それから二年たって頼重が生まれる。はじめて子供が出来ると知ったとき、歌舞伎者の青年頼房はどう思ったであろうか。正室を迎えていなかった若い頼房に、子供をもうける考えはなかったであろう。まずい、どうしようと思い、二人の兄のことが思い浮かんだとしてもおかしくない。

右の私の推論を裏付ける史料はない。ただ次の二点はたしかにいえる。一つには頼房が若いときに将軍秀忠の不興をかった理由は、歌舞伎者で正室をもたなかったことと無縁ではありえない点である。第二に歌舞伎者として自由奔放に生きていた水戸家当主、家中に対して絶対権力者であった二〇歳の頼房が、はじめての子に流産を命じたのは、きわめて個人的な感情的な問題だという点である。そこに世間的な、一見合理的な理由付けは不必要である。

二番目の子である通は寛永元年（一六二四）に生まれた。この時点でも尾紀に子供はいない。尾張義直の最初の子光友は寛永二年に生まれた(50)。紀伊頼宣の最初の子光貞は寛永三年に生まれた(51)。なぜ可能だったのか。伝えられていないが、頼重問題がおきて以後、誕生するということの意義を家臣たちは諫言し、親戚筋も説得して、頼房も納得したからに違いない。そして、寛永四年以降は表にみるように、毎年二人、三人と生まれるようになった。

しかし、寛永五年（一六二八）の光圀の誕生にあたっては、ふたたび頼房は流産を命じた。第一節にもみたが『桃源遺事』には、次のように記されていた(52)。

御母公西山公を御懐胎なされ候節、故有て水になし申様にと頼房公仁兵衛夫婦に仰付られ候所に、仁兵衛私宅にて密に御誕生なし奉り、深く隠し御養育仕候。

理由は「故有て」とだけで具体的に明らかにされていない。そして、「密に」水戸の三木邸で誕生し、養育されたのである。もちろん、頼房に知れると生命の危険があったからである。

なぜ頼房は、久昌院谷久子にふたたび流産を命じたのであろうか。表をみると、これ以後彼女は子供を生んでいない。それと違って、これ以前に子を出産したほかの側室のうち死亡した野沢喜佐はべつとして、円理院佐々木氏と寿光院藤原氏はその後も出産し続けるし、側室の数も多彩になる。明らかに光圀の出産を機に、久子は頼房の寵愛を失ったのである。それでは、なぜ久子は頼房の寵愛を失ったのであろうか。この種の男女の問題は、ささいな感情のもつれからも起こりうる。しかし、私はそうした水準でない、大きな問題が作用したと考える。それは頼重の存在である。

頼重は寛永七年（一六三〇）九歳のときに京都に送られた。『桃源遺事』では二歳とあるが、次節で述べるように水戸の頼重の京都行きと帰還の扱いは、弟の光圀が世子となったことを合理化するために操作されているから、高松藩の記録のほうが信頼できる。

三木之次の妻武佐は頼房の乳母の姉で、頼房に気に入られていたことは前節に記した。その縁で之次を頼房は「乳母兄」と呼んでいたと『水府系纂』は記している。これだけ信頼されていた三木夫妻だったからこそ、二人の兄弟を密かに誕生させ、養育できたのである。しかし、頼重が九歳のときに京都に送ったということは、もはや夫妻の力では守りきれなくなったことを意味する。頼房は頼重が誕生し、どこかに生きていることを知って激怒したのである。露顕した時期は久子が光圀を妊娠したころなのである。ただし、久子から漏れたとすれば、三木夫妻が疑われるから、久子からではない。むしろ、頼重の安全のために久子は一切語らなかった、とみなせる。

命令にそむいて出産し事情を語ろうともしない久子が、ふたたび出産することを頼房は認められなかったし、もはや寵愛することもなくなった。三木夫妻が頼重を育てているとは気付いていなかった頼房は、ふたたび三木夫妻に託して流産を命じた。命じられた三木夫妻は、頼重を探し始めた頼房をみて、今度はより安全な水戸で出産させ、養育したのである。

右は頼重と光圀の出生に関する私の推論である。たしかに実証する史料などはないし、もっといろいろと考えられて、考察が不十分である。たしかな点は、頼房は正常な家庭をもとうとはしなかった人物であったことである。

四　世子決定

寛永一〇年（一六三三）に光圀は世子に選定された。しかし、水戸藩の光圀に関する公式な記録といえる『桃源遺事』にしても、「義公行実」にしても、それは将軍家光の命であり、そこに父頼房の意志は示されていない。『桃源遺事』には次のように記されている。[53]

> 同十年癸酉、頼房卿御世継いまた定らさりしに大樹家光公の上意にて中山備前守丹治《たじひ》信吉（家康公より頼房卿へ御附遊ばし候御家老也）水戸へ下り御子様方を撰ひ奉りけるに西山公熨《の》斗《し》をとらせられ、備前守を爺《じい》とめされ下され候。御子様方の中にて御様子御勝れ被レ遊候故、備前守江戸へ登り言上いたし、御世つきに御定り被レ成、同年江戸へ御登りなされ候。此時御年六ツ。

すなわち、将軍家光の命によって付家老の中山信吉が水戸に下って、諸公子のなかから光圀を選定したとするのである。「義公行実」には次のように記されている。(54)

十年癸酉、大猷公《だいゆうこう》（家光の諡号、注吉田）命じて諸子を択《えら》ぶ。五月、老臣備前守中山信吉水戸に来り、諸公子に謁しこれを試みる。群公子皆修飾して出で見《まみ》ゆ。公時に六歳、信吉を見て呼ぶに爺を以てす。直に盤上の打鰒《うちあわび》を把《と》りこれに賜ふ。信吉大に悦びて拝受し、公を抱いて曰く、真に吾が郎君《ろうくん》なり。すなはち帰りて大猷公に告ぐ。迎へて江戸に至る。十一月、立ちて世子となる。

中山は五月に水戸にきて、一一月に光圀は世子に決定したと記すほかは、『桃源遺事』と大筋で同じである。両書とも頼房に言及することがない。これはどうしたことなのであろうか。頼房は光圀を世子とするにあたって、いかなる態度をとったのであろうか。

ところで、光圀はいつ公子と認められたのであろうか。寛永八年（一六三一）四歳の光圀が三木邸近くで遊んでいて、真弓山の等覚院に城にいるべき子として不審がられた有名な話が、『桃源遺事』にも「義公行実」にも記載されている。(55)光圀は寛永八年から一〇年の間に公子と認められたことになる。それは英勝院の秀忠への歎願によると認められる。前節に引用した高松藩の「家譜」は、続けて次のように英勝院の歎願を記している。(56)

英勝院様は台徳院（秀忠）殿御懇意に被二成遣一候に付、其方《そのほう》には実子も無レ之老年便りなく可レ存候。何なりとも望も候ハ、可二申上一由仰レ之処、身ニ於て何之望ミも無二御座一候得共、水戸家

> ニて惣領之男子御座候ニ、世上を被レ憚義候て久しく隠し置御座候。何卒折を得候て達二御耳一度《たく》兼々願罷在候由申上候処、其儀は只今迄曽《かつ》て御存知無レ之候。早々呼下し可レ申との旨ニ付、則水戸家へ相達し、（寛永）九年壬申十二月十一歳ニて江戸へ帰り水戸邸中ニ罷在候。

英勝院は「惣領之男子」、すなわち跡継の男子が、「呼下し」と秀忠が命じているから京都に隠れ住んでいると言上した。これに応えて秀忠はただちに水戸家に「呼下」すように命じた。その結果、頼重は寛永九年（一六三二）一二月に江戸に戻ったのである。このとき、光圀も公子と認められたと判断される。

英勝院の歎願がいつなされたかは記されていない。『高松藩記』(57)は「寛永八年中」とする。秀忠は同年六月から不例となり、翌年一月二四日に死亡するから、それ以前のことになる。

水戸の記録では右の話は非常に違っている。『桃源遺事』によると、三木夫妻は「英勝院尼公へ御内談」し、出産させたが、「披露成かたき趣ニ付、御二歳」のときに京都に送り、「十六歳迄天龍寺の塔頭慈済院」にいたと記す。そして英勝院の歎願を述べて、次のように記すのである。(58)

> 扨《さて》頼重殿御事、英勝院尼公大樹家光公へ被二仰上一、御執立《とりたて》進せられ候。仍レ之《これにより》其節《そのせつ》家光公頼房卿へ仰遣され候ハ、頼重殿を御取立あそハされ候御礼ハ御無用なるへし。御自分には御捨候て知り給ハさる子也。今我拾ひ候間、御礼に及不レ申との御事也。

歎願の相手は家光にかわっているのみでなく、内容も大名への取り立てになっている。なぜ、高松と水戸とで違いが生じるのであろうか。『桃源遺事』の内容は、弟だった光圀が世子になった点を合理化するために操作されたためと思われる。家光に頼房が「捨」てた子を「拾」ったといわせているのは、よくこのことを示している。

二歳のときから任官する前年の一六歳まで京都にいた頼房の「知り給ハさる子」というのは、捨てた子であることを強調するとともに、頼重を超えて光圀が世子に選ばれたことを合理化するものであるが、しかし、これでは等しく三木夫妻によって養育されたにもかかわらず、頼重だけがなぜ放置されたのか、また光圀がなぜ公子と認められたかが、わからなくなる。そのうえ、御礼はなされた。『徳川実紀』は頼重が寛永一六年（一六三九）七月一三日に下館五万石に封じられたとき、頼房も登城して「謝し奉らる」と記している(59)。

したがって、この件は高松側の記録のほうが信頼できる。英勝院は、「惣領」跡継としての頼重の公認を求めたのである。寛永八年（一六三一）ころのこととみなしてよい。なぜそういえるかというと、一つには右にみた秀忠の健康問題である。二つには前節でみたように、寛永七年六月に頼重は京都に送られた。身の危険が迫ったといえる状況に陥ったのである。英勝院は心を痛めたであろう。そしてもう一点、尾張光友は寛永七年五月三日に従五位上に叙せられた(60)。紀伊光貞も翌八年五月三日に従五位上に叙せられた(61)。二人は尾紀の世子に内定したといえる。御三家で水戸家だけが世子未定となった。英勝院は、言上する絶好の機会が到来したと感じたであろう。

英勝院の言上は、寛永八年（一六三一）五月ころになされたと考えられる。秀忠はただちに水戸家に命じた。しかし、頼重が江戸に着いたのは翌年一二月である。なぜこんなに遅れたのであろうか。『高松藩記』はその理由として、秀忠の不例と死亡をあげるが[62]、秀忠の死亡は寛永九年一月であるから、遅すぎる。

頼重の帰邸が遅延した理由を明記した史料は、ほかに見出せなかった。ところで、光圀は兄を超えて世子になった理由を「梅里先生の碑陰并《ならび》に銘」に、「その伯は疾《しっ》し、その仲は夭す[63]」と書いている。頼重が病気だったので、世子になったと述べているのである。この文は寿蔵碑として公開されたものであり、作成時の元禄四年（一六九一）には頼重も生存していたから、この記述は信頼できる。そのうえ、頼重は江戸に帰ってから疱瘡を患い、回復するのに一年余もかかったと伝えられているから[64]、幼年期の頼重は病弱で、そのために帰邸が遅れたと考えられる。

病弱な頼重の遅延は、世子の第一候補としての資格を失わせ、急遽光圀が浮上した。光圀は寛永九年（一六三二）五月三日に、従五位上に叙せられている[65]。光圀は世子に内定したといえる。この事実は『桃源遺事』「義公行実」の伝える、世子となったのは寛永一〇年との記述と矛盾する。そのために小宮山楓軒《ふうけん》は、『水戸義公年譜』にこの叙位は「追書」であると、次の注記をつけた[66]。

綜貫・口宣案 ○臣秀（楓軒の諱、昌秀の一字、注吉田）按ずるに、当時公いまだ世子に立たずして叙位、疑ふべし。蓋《けだ》し後年、この歳月日を追書して位記を賜ふなり。

綜貫とは、光圀の時代から水戸藩で書き続けた徳川氏全体の系譜集である『源流綜貫《げんりゅうそうかん》』のことである。そこに記されていたのである。そのうえ、口宣案もあった。楓軒は世子決定は寛永一〇年と絶対前提にするから疑うのである。むしろこの事実こそが、そこに至るまでに曲折のあったことを暗示していると、理解すべきである。それでは、それはなにか。
この場合、日付が五月三日である点が注目される。尾張光友の従五位上の叙任は七年五月三日であった。紀伊光貞は翌年の五月三日であった。なぜ五月三日が選ばれたか、私にはわからない。しかし、光圀の叙位が九年の五月三日であったのは、偶然ではありえない。おそらく幕府はたんに「惣領」の頼重を世子と決めるように求めたのではなく、この日までと時間的限定をつけたのである。
幕府としては自由奔放に生きて、家の問題に無頓着な頼房が反発して、いつまでも決定しないことを気遣ったのである。一方、宗家の将軍家の命とはいえ、自家の世子を早急に決定せよとの、しかも自分が認めていない子に決定せよとの幕命は、頼房に非常な不快感を抱かせたに違いない。頼房は自分が子として認めているなかで年長の頼元を世子とするつもりであったようだと、中村顧言の『義公遺事』は次のように伝えている。(67)

於勝殿（円理院佐々木氏、注吉田、以下同じ）腹ニ第四子刑部《ぎょうぶ》君（頼元の官職）有レ之ケルヲ、江戸へ御呼ヒ上セヲキナサレ、亀丸君ノカハリニ総領ニ御立可レ被レ成勢ヒニ相見へ、イマタ極《き》マラサルナリ。

幕府は三代家光以来、長男子相続制を採用していた。正室がいれば正室の子が優先されるが、頼房にはいない。したがって、頼重が公認されれば、当然第一候補は頼重になる。しかし、頼重は病弱で京都から下ってこない。かくして指定された期限内に決定するために、次男は早世していたので三男の光圀が、世子に決定されたのである。ただし、五月三日付の位記が発給されたのは、幕府の一方的な決定か、頼房が期限がきたので不承不承届け出たのかは、明確でない。おそらく前者である。光圀が最初にえた位は従五位上で尾紀と同格であったが、これは尾紀より一格低い扱いを受ける水戸家としては、破格の扱いであった。それだけ幕府は強く圧力をかけていたと、考えられるからである。しかも、その後も頼房は光圀擁立に否定的であったと、みられるからである。

紀伊光貞は九年四月一日に将軍に拝謁した。世子たることが正式に公認されたといえる。同年七月七日に従四位下常陸介に昇進した。(68) 尾張光友は国許にいたために拝謁が遅れたが、一〇年五月二三日に拝謁し、同年九月五日に従四位下右兵衛督《うひょうえのかみ》に昇進した。(69) そして、光圀もこの日に従四位下左衛門督《さえもんのかみ》に昇進した。(70) 拝謁は一一年五月九日である。(71)

右の人事は二つの点で異例である。一つには光圀が尾紀と同等の従四位下の位にあることである。破格であるが、そこにとどまらない。官職をみると、光友の就任した右兵衛督は従五位上が相当官である。光貞の常陸介は正六位下が相当官である。光圀の左衛門督は正五位上が相当官である。つまり官職でみると、光圀がもっとも格式の高い職に就いたのである。もちろん官職は形式だけで職務上の意味はないが、格式を重んじる封建社会のなかにあって見過ごすことのできない事実である。

さらに光友と光貞は、拝謁をしてから従四位下に昇進したが、光圀は拝謁する前に昇進した。

幕府は強く光圀が世子になることを期待し、頼房に最後通牒を発したといえる。

頼房は寛永四年（一六二七）から七年にかけて毎年水戸に帰国したが、八年から一一年にかけては帰国していない。(72)この事実も頼房の消極的姿勢を示している。頼房は自分の眼で光圀を確認しようとしなかったのである。その一方で、頼房は光圀の不安材料を論《あげつら》ったに違いない。

そのために寛永一〇年（一六三三）に、付家老の中山が世子選定に将軍の命により、水戸に派遣されたのではないだろうか。「義公行実」によれば、それは五月のことであり、決定は一一月であった。この時期、『徳川実紀』によれば、将軍家光と頼房がしばしば江戸城で会っている。そのうち儀礼でなく頼房が家光と二人で会見した可能性があるのは、四月一〇日、二二日、五月八日、六月一三日、八月二五日、九月一日、一二日である。(73)また、四月一九日、五月五日、六月五日に、英勝院の甥の太田資宗を水戸邸に家光は派遣している。(74)当然、光圀問題が取上げられたであろう。しかし、それは指摘されるような側室円理院佐々木氏対策などではありえない。頼房への説得である。

寛永一〇年（一六三三）五月に中山信吉が水戸に来て光圀の人格を確認し、一一月に世子になることが決定した。一二月に光圀は江戸に上ったと伝えられる。(75)しかし、この時点においても頼房は、光圀を世子にすることに消極的であったと思わせる史実がある。

江戸に上るとき、頼房は大森信一ら一二人を小姓に取り立てて光圀に附属させ、江戸に同行させた。一二人とは『水府系纂』の大森信一の条に、次のように記されている。

寛永十年癸酉、切符ヲ賜テ小姓トナリ義公ニ奉仕ス。今年義公初テ水戸ヨリ江戸ニ到給フ。因テ信一十五歳ト共ニ小姓十二人ヲ附属セラル。忍穂《おしほ》丹後利重十歳、望月宗七郎仁尚十一歳、蘆沢主税《ちから》吉広十二歳、茅根《ちのね》伊之介為宗十一歳、佐野孫介盛之十四歳、中沢弥宗源泰十六歳、有賀半三郎正信十五歳、深沢左門某、鈴木五郎作某、大久保某、松岡与平治某。是《これ》信一ト同列タルヲ以テ此ニ贅《ぜい》ス。

この一二人はどのような家格の子弟なのであろうか。父兄の当時の禄高と役職を『水府系纂』によって確認すると、以下のとおりである。ただし、望月と鈴木は確認できなかったが、家老の鈴木家と奉行を勤めた望月恒隆の家族でないことはたしかである。

大森信一は八〇〇石足軽頭であった尹貞の次男であった。忍穂利重は三七〇石大番組兼肴《さかな》奉行であった利則の次男であった。蘆沢吉広は二〇〇石大番組であった吉郷の次男であった。茅根為宗は二〇〇石江戸奥方番頭であった為道の一子で、為道が寛永五年（一六二八）に死亡したので二〇〇石を相続し、小姓を勤めていた。佐野盛之は二〇〇石目付先手《さきて》足軽頭を勤めた佐野盛興の一族であった。中沢源泰は二〇〇石大番組であった忠行の次男であった。有賀正信は二〇〇石大番組か書院番組か小納戸役《こなんどやく》であった正勝の弟である。深沢某は一五〇石大番組であった重正の子で、後に三〇〇石大番組であった跡部《あとべ》円正の養子となった左門某である。大久保某は二〇〇石大番組であった庄左衛門某の弟の庄次郎某である。松岡某は二〇〇石大番組であった正信の弟の正広である。

ところで、水戸藩士のうち上士門閥といえるのは、当時藩政府の老中を兼務した大番頭・書院番頭以上の家である。その禄高は、大番頭で八〇〇石以上、書院番頭で五〇〇石以上であった。(76)すなわち、水戸藩で上士というのは、本来五〇〇石以上の家を指すのである。郡《こおり》奉行を勤める一〇〇石以上が中士で、それ未満が下士とみるのがよい、と私はとらえる。

この基準でみると、光圀に附属された一二人の家は、大森を除いてみな中士層である。しかも、茅根以外は庶子であり、部屋住みの無役の身であった。この人的構成が問題なのである。

跡継に附属の若者をつけるということは、将軍・大名にとって次代の御家を託する重要な問題であった。それ故に有力な家臣の優秀な子弟が選ばれた。たとえば、慶長九年（一六〇四）に九歳で家光に附属した松平信綱は、当時従五位下右衛門佐《うえもんのすけ》、禄高は一〇〇〇石にみたなかったが、後に二万二一〇〇石の大名になった叔父の大河内松平正綱の養子で長男であった。ただし、信綱は別家を建てた。(77)また慶長一五年に九歳で家光に附属した阿部忠秋は当時一五〇〇石、後に従五位下、大名格の五〇〇〇石になった忠吉の跡継であった。(78)二人とも家光政権を支えた中心人物になった。

光圀に附属された一二人は家格という視点からは、大森以外は見劣りがする。また、庶子であった点も登用するのにただちにはできず、不便である。ところで、彼らは優秀な人材であったであろうか。それを知るために、次に『水府系纂』で彼らが就いた最高位と禄高をみてみよう。

大森は光圀の西山移住にともなって、四〇〇石の西山家老になった。忍穂は五〇〇石の書院番頭兼老中にまで出世した。蘆沢は三〇〇石の持筒頭《もちづつがしら》である。茅根は三〇〇石の新番頭である。佐野は二〇〇石の留守居足軽頭である。中沢は二〇〇石の大番組である。有賀は知行取になったとは記されずに御腰物番《おこしものばん》である。深沢は郡奉行であった養父跡部が、寛永検地の年貢増徴のためにおきた強訴《ごうそ》の責任をとらされて、正保元年（一六四四）に切腹に処せられたのに連座して、切腹になった。大久保は「程なく江戸で死ス」とある。松岡も知行取になったとは記されずに新番組で終わっている。

光圀の藩政を支える老中になったのは、忍穂一人である。彼は目付・用人・奉行を経て貞享三年（一六八六）に老中になったが、藩政府のその上の役職である大老に就任することなく、元禄三年（一六九〇）に六七歳で死亡した。光圀を支える重鎮とは、およそいえない人物である。ほかに老中に登用しようと光圀が試みたと思われる人物が二人いる。大森と茅根である。

茅根は万治元年（一六五八）に小姓頭、寛文七年（一六六七）に用人になった。ここから奉行・老中・大老と昇進するのが一つの出世コースなのだが、天和三年（一六八三）に新番頭に異動して終わった。大森は寛文二年（一六六二）に小姓頭となり、進物番頭《しんもつばんがしら》をへて延宝五年（一六七七）に供番頭《ともばんがしら》になった。供番頭も老中への出世コースである。しかし、翌年に「望請テ役ヲ辞ス」と、辞職してしまった。詳しい事情はわからないが、光圀は老中にするには不適格と認めたに違いない。

結局、一二人のうち老中までなったのは忍穂のみであり、彼も老中どまりであった。光圀の藩政を支えた、大きく支えたといえる人物は一人もいない。彼らが優秀でなかったこと、少なくとも政治向きでは光圀に信頼されなかったことを示している。

政治向きでは信頼されなくても、個人的人間的に信頼されることはある。この種の人材として『桃源遺事』は、「近藤儀太夫貞久・牧野与惣衛門孝和・三吉五郎衛門広元、此三人の者共、西山公の御側近く数十年御奉公仕」ると記している。[79] 二一人の誰もはいっていない。このうち私が『水府系纂』で確認できた近藤貞久は、二五〇石書院番組頭であった正高の次男であった。正保二年（一六四五）に小姓に召出され、光圀に奉仕した。順次出世して、三〇〇石に役料二〇〇石を加えて貞享元年（一六八四）に書院番頭になった。側近として信頼された理由としては、妻が光圀の乳母の養女であった点は無視できない。[80]

頼房は優秀な上士の子弟を中心に光圀の附属の小姓を編成しないで、中士の凡庸な子弟を中心に編成したといわねばならない。彼らは光圀政権を支える人材とならなかったのみでなく、私的にも光圀の信頼を大きく勝ちえる存在にならなかった。この事実は、頼房が真実光圀に水戸家の次代を託そうとしていたか、疑念を生じさせるのである。

光圀を世子に選定することに、頼房は最後まで抵抗し、決定したのちも機会があればとの思いを抱いていた可能性が高い。頼房にしてみれば、尾紀が世子を決定したので、水戸家も決めなければならない時期かと思い始めたころだったであろう。そこに幕府から自分が認めていない頼重を指名してきた。しかも、早急にと期限まで定めてきた。このことは自由奔放に生きてきた頼房としては、また水戸家の当主頼房としては、非常に不快であったに違いない。しかも、頼重は病弱で期限までに江戸に来れなかった。すると、幕府はこれまた頼房が認めていなかった光圀を指名してきた。頼房の不快感は増大し、激怒したに違いない。だが相手は宗家の将軍である。抵抗し不服従をしても、頼房は所詮は従わざるをえなかったのである。

右のように私は、光圀がどのようにして世子に選ばれたかを、考えてみた。この問題も、たしかな史料が欠如するなかでの考察である。そうではあっても、残されたわずかな関係史料をみて、私は頼房が光圀を世子にしようとしたとは、とても思えない。まして愛していたとは、とても思えないのである。

五　父に愛されなかった光圀

頼房が世子になった光圀を、愛さなかったと直接記した史料はない。しかし、一八歳の立志に至る光圀に関する史料を読むとき、私はそう解さざるをえない。

寛永一一年（一六三四）光圀七歳のとき、頼房は夜、昼に処刑して桜の馬場に晒首《さらしくび》にした首を取って来いと光圀に命じた話と、同一六年一二歳のときに浅草川を泳いだ話は、武勇を重んじる頼房の武断的な教育と、それに積極的に応える少年光圀の美談として語られてきた。本当にそういえるであろうか。

前者の話は、生首を取って来いと命じたこと自体が異常だと、私は思う。しかも、数え年七歳の子供にである。『桃源遺事』(81)によると、四町ほど離れていて、「道細く水流れ木立しげ」っていた。暗闇のなかで手探りで首を求めた。帰りは「幼少故御力叶《かな》ハず、もと、りを御とり、引ず」って休みながらであった。

頼房が命じたとき、「御前に相詰候老女を初め女房達甚《はなはだ》おそろしき事に思」った。七歳の子にさせるには、あまりに苛酷な命令と思ったのである。女性たちの浅はかな弱弱しい心根と、父子の武勇の精神を対照して、武士の鑑《かがみ》として父子を讃えてきた。しかし、この評価は逆であるべきである。たしかに武士は武道に優れ、困難に打ち勝つ精神をもたなければならない。そのためには幼児からの教育は大切である。しかし、暗闇のなかを、整備されていない道を四町も歩いて、生首を取って来いとは、七歳の子にはたす命令として、あまりに常軌を逸していると、私は認めざるをえない。

後者の浅草川の話は、『桃源遺事』(82)では、光圀はよく泳ぐので試しに浅草川へ行き、頼房が先に光圀が後に付いて泳いで渡ったことが、箇潔に記されている。しかし、その頭書には次のように記されている。

追加　此時近臣にて送り奉る。元来頼房卿の御夙志《しゅくし》にハあらぬを、君(若カ)あやまらせ給ふならハ飛入て助奉らん本意也とぞ。藤田将監《しょうげん》といひ伝ふ。

この話を伝えた藤田将監とは、世子時代の光圀の傅《ふ》で、後に老中准家老になった人物である。

寛文一二年（一六七二）に死亡したから、子孫に伝えられた話なのであろう。これによると、川を渡ったのは親子二人だけでなく、近臣たちが溺れたときのために舟で伴走した。当然のこといえる。問題なのは光圀が溺れて死ぬことを、「元来頼房卿の御夙志にハあらぬを」と記した点である。「夙志」とは「早くからの志」の意味である。したがって、ここでは否定しているが、このような表現は、頼房が光圀の死亡を期待していたことを暗示している、と読める。もちろん素直に読めば、「志に反して溺死しては」の意味である。だが、この紛らわしい「夙志」の用語が使われた理由があるに違いない。

この意味で、浅草川の話をより具体的に記した『玄桐筆記』が注目される。玄桐は「十二の御歳、浅草川御《お》游《およぎ》被レ遊事、御行実に見えたれとも、猶も書付申候」[83]と、「義公行実」の記述は不十分だとして、より詳しく書いた。なお「義公行実」は『桃源遺事』より簡略であるが、内容的には光圀が一人で泳いだと読めるほかは、『桃源遺事』と変わらない[84]。

玄桐は、浅草川に着いて頼房は光圀に次のように語ったと記している[85]。

威公浅草川へ御成有て、お長此《この》川游《へ》くき歟《か》と御尋有。游て見可レ申候と御答あり。さらハ游て見よと被二仰出一。御供者とも無二勿体《もったいなき》一御事なり、自然御あやまち候ハ、何とか可レ仕と面々諫奉けれハ、威公被レ仰けるハ、いやとよ、我子ならハ游へし、自然溺死とてもそれほとの不器用者、生立置《おいたておき》ても詮なし、少も悔むまし、とく〳〵およき候へとて、小舟に乗まいらセて、西の岸へ着まいらセ、東へむけて游しめ給ふ。

光圀が泳ぎが得意であったか否かは、書かれていない。お供の者たちは事故でもあってはと諫言した。それに答えて頼房は、「自然溺死とてもそれほとの不器用者、生立置ても詮なし、少も悔むまし」と言い放った。泳ぎ切れずに溺死するなら、それでもかまわないといったのである。そして、光圀一人で泳いだ。川は寛永飢饉のために、「餓死の骸《むくろ》水上より数多《あまた》流下ける」状態であったと、玄桐は記している。

『玄桐筆記』によって、浅草川の話も頼房の厳格な武士教育と、それに応えた光圀の美談として讃えられてきた。しかし、戦場で追い詰められたならともかく、愛子に対して死んでもかまわないからやれ、と慈父はいうであろうか。当時としても異常に感じられたからこそ、藤田将監は「元来頼房卿の御夙志にハあらぬを」と、紛らわしい表現をしたに違いない。

理想的な武士の父子の美談として伝承されてきた右の二つの話は、美談ではなく、実は頼房が光圀を愛していなかったことを示していると理解すべきである。愛していなかったからこそ、周りにいた人たちが異常に思える命令を、頼房は光圀に発したのである。

頼房は大大名である。父子は多くの男女の家臣に囲まれて生活していた。創業の荒々しい時代は過ぎ去った。大名家は家臣の主家として、安定した理想的な御家であることが求められた。父は父らしく、子は子らしく道徳に反しない振る舞いである。右の二つの逸話からは、父の難題に誠実な子であろうとして懸命に努力する、可憐な少年光圀が思い浮かぶ。

頼房としても、立派な父として振る舞うように心懸けたに違いない。たとえ自分の意にそぐわない選定によって光圀が世子となったとしても、決定した以上、跡継として尊重しなければならない。しかし、自由奔放に生きてきた頼房にとって、時にその不満が表面化して、逸話にあるような苛酷な命令を光圀に発したのであろう。

日常的には頼房はよき父、少なくとも表面的にはよき父であろうとしたに違いない。しかし、それを少年だった光圀が、どう感じたかは別問題である。なによりも正常な家庭が営まれていたとは思えない。少年時代、光圀は誰と寝食を共にしたのであろうか。母とは同居したのであろうか。これらに答える史料を私は見たことがない。表をみてわかるように、光圀が江戸に来た寛永一一年（一六三四）以降も、頼房は子供を出産させ続ける。母の下には通わずに、ほかの側室たちと性生活を営む頼房を、光圀はどうみていたのであろうか。次のことはいえる。光圀は誤って頼常を出生させたが、それを除けば生涯女性を近づけない人生を送った人である。(86) こうした女性観を光圀がもつようになった理由は、父頼房の旺盛な性生活と無関係だとは思えない。

ところで、兄の頼重は寛永一六年（一六三九）に下館五万石に封じられた。一九年には高松一二万石に転封《てんぽう》になった。一方光圀は一七年に従三位右中将《うちゅうじょう》になった。(87) この年『水府系纂』によると、小野言員《ときかず》、伊藤友玄《ともはる》、内藤高康の三人の傅がつけられた。二人の将来は間違いなく確定された。頼重は独立大名になった。一方、公卿になった光圀は水戸家の世子の地位をますます固くし、傅による本格的な教育が始まった。しかし、このころから光圀は歌舞伎者になった。

そのために傅の小野言員は、第一条に「ごんごだうだんのかぶき人に御ざ候」と書いた諫言書を認めた。[88] 全一六条からなるこの諫言書には、第五条に頼房が熱海に湯治に行ったときに、光圀に意見をしたことが書かれている。頼房が熱海に行ったのは、寛永二〇年（一六四三）一〇月一〇日から一一月四日にかけてであるから、[89] この諫言書は翌正保元年（一六四四）ころに書かれたものである。

光圀はなぜ歌舞伎者になったのであろうか。一ついえることは、父を真似たことである。第七条に弟たちと、第九条に身分の低いものと色好みの話をするとある。第八条には草履取《ぞうりとり》の長屋へ一人で行くとある。これは男色を連想させる行為である。そのせいか表をみると頼房は寛永一七年（一六四〇）以降、子を作ることがまれになる。子供の教育を考えて、身を慎むようになったのであろうか。

歌舞伎者になることで光圀は、何を欲したのか。少なくとも、どういう結果になると予想されたのか。傅である小野は、悪い結果になることを恐れて認めた。

第二条のはじめは、「御こうぎの事、御おヤ様のおほセ、世上のひはんなにともおほしめし候ハて」、好き勝手なことをしていると批判している。将軍・親・世間から認められる人物になれと諫めたのである。将軍の不興をかえばどうなるのか。第三条は「御まへ様世上にてあしくとりさた仕、上様御みみにも入候へバ、これほとの御ふかうなにゝくらべ可レ申事これなく候」と始まる。悪い噂が将軍の耳に入れば最大の不孝だと述べている。なぜだろうか。第三条中の次の一節がその理由を明らかにしている。なお「そし」とは庶子の意味である。

御そしなれとも御だうりかな、御かとくになされ候水戸様の御めがねさすかにてと、人々申やうに御身を御もち候。

すなわち、嫡子を家督に立てるのが当然なのに、頼房は庶子の光圀を選んだ。この選定は「さすか」と評価されるような行為をするように求めた。逆にいえば、頼房の眼鏡違いと、頼房の信用問題に発展し、それはさらに廃嫡になりかねない事態になると憂慮しているのである。さらに続けて「御そしを御かとくに御たてなされ候。此御おんの所、いかなれバ御わすれ」かと、庶子なのに世子となった親の恩を忘れるなと、親孝行を説いた。

小野は庶子であったのに、世子に選んだ親の恩を忘れるなと説いた。それは逆にいえば、光圀が深くこの点にこだわっていたことを示唆している。以下、小野は多方面から光圀に親孝行をし、世間の評価をえるように説いた。そして最後の第十六条は、「御まへ様悪しく御なり候へハ、御家中の諸侍・万民、御りやうぶんの百姓已下《いか》まて、やミにまよひ候」と書き出している。家中・領民が「やミにまよひ候」とは、暴君となって暴政を施す、そのはての改易を気遣っているといえる。そして最後に頼重と比較して、次のように述べた。

たゝいま侍従様（頼重の官職、注吉田）を御ハたもとにてほめ事に仕候ハ、御こうきの事御たいセつにおぼしめし、御しろにての御さほう御じんたうに、しょにんに御むき御いんぎんにて御れいぎたゝしく、御身なり、又御ふく、御わきざし、御こしの物の御こしらへにいたるまで、御じんたうに候て、御くかひを大事にあそバし、御おや様へ御かう〱の御心ざしふかく、万事御おや様の御意に御したがひなされ候ゆへに人ミなこぞりてほめ申候。御おとりなされ候と世上のひハんに御あひ候ハ、万事すたり申候。御ちからを御いれ候て御くふうあそバし、御ふんべつかんじんに存たてまつり候事。

評判のよい頼重と比較して、「御おとりなされ候と世上のひハんに御あひ候ハ、万事すたり申候」と指摘している。傅である小野は、このままいって頼重と比較されるようになっては「万事すたり申候」と、光圀は地位を失い、代わりは頼重だと心配していると認められる。小野は光圀が庶子であることを気にして世子の地位を失いかねない歌舞伎者になっていることを憂慮して、諫言したのである。

嫡子の兄を超えて世子となった。このことに思い悩んで、兄の子に家督を譲るとは、正保二年（一六四五）光圀一八歳の立志の第一条である。光圀が廃嫡になるのでは、と小野を憂慮させるほどひどい歌舞伎者になった理由は、同じとみてよい。だが、それだけであろうか。

小野は繰り返し繰り返し親孝行を説いた。親とは頼房のことである。光圀は頼房に反抗的であった。典型的には第五条に、熱海に行ったときに頼房が意見をしたが、光圀は「御いけん御きゝなされず」「御そむきなされ候」態度であった。なぜ光圀は反抗的で、親不孝を繰り返したのか。その理由は、光圀には頼房から真実愛されているとは感じられなかったからと、私には思われる。

光圀は庶子である自分が世子に選ばれた事情を、いつ知ったかは明らかでない。小野は頼房が選んだように書いていたが、この時点で光圀が知っていたとしてもおかしくない。周辺に仕えるものは皆知っていたと、前提できるからである。それでは、なぜ光圀は世子であることを納得したのであろうか。

武士の教育を受けた光圀の思想は、武士の思想そのものである。それは君主への絶対的な忠誠を説く南朝正統論を主張したことに、よく示されている。思い悩んだ世子の地位を受け入れた理由を隠退して水戸に帰ったときに家臣たちに、「我、弟を以て封を襲《つ》ぐ。公命辞すことをえず」(90)と説明したと、「義公行実」は伝えている。「公命」、将軍の上からの命令であるから拒否できない。光圀が世子たることを受け入れた理由は、そこにあったと認められる。そして、光圀は終生、世子になったのは将軍の命だからと、断じていたのである。そこに父頼房はない。

庶子であるにもかかわらず、父の選定でもなく世子になったことを知ったとき、もし父頼房の愛情を強く感じていたとしたならば、小野が憂慮して諫言するような事態には陥らなかったに違いない。また家督の問題で過度に思い悩まなかったに違いない。光圀は父頼房の真実の愛を求めて悩んだのではないだろうか。「梅里先生の碑陰并に銘」には、「先生夙夜（父頼房の、注吉田）膝下に陪し、戦戦兢兢《せんせんきょうきょう》たり」と記されている(91)。

光圀は一八歳の立志のとき、家督を兄の子に譲る決意をしただけではなく、それをたしかにするために、子を作らないと決意した(92)。そして、唯一の子である頼常が生まれるとき、三節で述べたように流産を命じた。父と同じことを光圀はしようとしたのである。光圀にとって父頼房は、よい意味でも悪い意味でも、否定できない大きな存在であったと、私には思われる。

（1）『西山遺聞』『水戸義公伝記逸話集』二二三〜二二四頁、吉川弘文館、一九七八年。なお同書では「本理院」とあるが、『水府系纂』などの諸書では「円理院」とあるので訂正した。
（2）歴史学者としての翠軒の評価は、拙著『寛政期水戸学の研究——翠軒から幽谷へ』（吉川弘文館、二〇一一年）のI—一を参照。
（3）『玄桐筆記』『水戸義公伝記逸話集』二三頁。『玄桐筆記』の執筆時期に関しては、拙著『水戸光圀の時代——水戸学の源流』（校倉書房、二〇〇〇年）の第二章「立志と『大日本史』編纂目的」第2節「基本史料の再検討」を参照。
（4）野口武彦『徳川光圀』七二〜七四頁、朝日新聞社、一九七六年。なお引用は七三頁。
（5）瀬谷義彦『水戸の光圀』八六〜八九頁、茨城新聞社、一九八五年。なお引用は八九頁。
（6）鈴木暎一『徳川光圀』一〇〜一三頁、吉川弘文館、二〇〇六年。なお引用は一二・一三頁。
（7）同右書、二六〜二九頁。なお引用は二八頁。
（8）同右書、一一頁。
（9）『桃源遺事』『水戸義公伝記逸話集』一一九頁。ただし、本文ではなく頭書である。
（10）『日乗上人日記』五二一頁、日乗上人日記刊行会、一九五四年。
（11）『常山詠草』『水戸義公全集』中、一三三頁、角川書店、一九七〇年。
（12）『桃源遺事』前掲書、一九四頁。

(13) 同右書、九〇頁。なお野口（前掲書、七二頁）と鈴木（前掲書、一二頁）は「汝」を高尾とする。

(14) 『玄桐筆記』前掲書、六一頁。

(15) 『水戸紀年』『茨城県史料近世政治編I』四六〇頁、茨城県、一九七〇年。

(16) 『日乗上人日記』二七七頁。

(17) 『義公遺事』にも家康が、「腰力《(刀)》ト思ヒ秘蔵スヘシ、サヤハシラサル様ニ可レ仕トナリ」（『水戸義公伝記逸話集』六七頁）など、中村顧言に光圀が語った話が記されている。

(18) 『水戸紀年』前掲書、四五〇頁。

(19) 『日乗上人日記』一六八頁。

(20) 同右書、一七六頁。

(21) 『松平頼重伝』二〇八〜二一〇頁、松平公益会、一九六四年。

(22) 『寛政重修諸家譜』第一、二五五頁、続群書類従完成会、一九八三年。

(23) 『徳川諸家系譜』第一、四二〜四七頁。続群書類従完成会、一九九二年。なお、このほかに二歳で夭折した側室の生んだ男子がいる。

(24) 『徳川諸家系譜』第二、一九九〜二〇〇・二三七〜二三八頁。なお頼純に関しては『徳川諸家系譜』第三、三五頁。松平信平に関しては『寛政重修諸家譜』第二十一、六八頁。

(25) 『水戸紀年』には二六番目の松を除く子女の出生の日と母の苗字が記されている。ただし、三人は「某氏」とある。前掲書、四四一〜四五四頁。

（26）『水府系纂』彰考館所蔵、茨城県立歴史館写真版。なお以後、水戸藩士と家族に関してとくに断らないかぎり、同書による。
（27）『義公遺事』前掲書、六九頁。
（28）『徳川諸家系譜』第三、一五九頁。
（29）『西山遺聞』前掲書、二一三頁。
（30）院号は『日乗上人日記』六〇頁。名は同書、七二三頁。ただし、後者では院号は証真院となっている。証真院とは、松平采女の母の院号である（「西山過去帳」『水戸義公全集』上、四一七頁）。
（31）院号は「西山過去帳」前掲書、四二一頁。名は『日乗上人日記』七七頁。
（32）院号と名は『日乗上人日記』二三六頁。なお同書には苗字は「大井」となっている。
（33）『徳川諸家系譜』第二、二五二頁。
（34）『茨城県史料近世政治編Ⅰ』三四頁。
（35）『桃源遺事』前掲書、八七頁。
（36）この前後の子女の記載に関しては、（33）（34）（35）の水戸家の諸系譜による。
（37）『水戸紀年』（前掲書、四六二頁）には三〇〇〇石分知されたのは「房時君頼雄君頼利君」と記されている。これでは頼泰と頼以が抜けてしまう。しかし、五人は頼元と頼隆が分封の礼に将軍家光に謁見した寛文元年九月二八日に、等しく初見の礼を取っているから、対等であったとみるべきである（『新訂増補国史大系徳川実紀第四篇』、四〇〇頁、吉川弘文館、一九九〇年。以後、『徳川実紀』と記す）。鈴木前掲書（八九頁）も五人に分知したと記している。

(38) なお後年まで存続したのは、頼泰の長倉松平家のみである。

(39) 正確には頼元は元禄六年に死亡したから、守山二万石に取り立てられたのは子の頼貞である。

(40) 『徳川諸家系譜』第二、二〇二・二一七頁。

(41) 同右書、二三九～二四〇頁。

(42) 『徳川諸家系譜』第三、一〇四～一〇五頁、なお、カッコ内、原文細字注。

(43) 『桃源遺事』前掲書、九四頁。

(44) 『高松藩記』二四～二五頁。『松平頼重伝』八九頁。「三浦市右衛門覚書」『新編香川叢書史料篇㈠』三～一三頁。

(45) 『桃源遺事』前掲書、一二七頁。

(46) (44)と同じ。

(47) 『西山遺聞』前掲書、二一三～二一四頁。

(48) 『義公遺事』（前掲書、六九頁）には、「久昌院様ノ御母儀殊ノ外御腹立ニテ源威公御難儀ナサレ」とあるが、なぜ妊娠に立腹したか書かれていない。歌舞伎者の殿様では今後どうなるか、心配したとも考えられる。

(49) 『桃蹊雑話』二頁、歴史図書社、一九七九年。

(50) 『徳川諸家系譜』第二、二〇〇頁。

(51) 同右書、二三七頁。
(52) (13) と同じ。
(53) 『桃源遺事』前掲書、九一頁。なお、カッコ内、細字注。
(54) 「義公行実」『水戸義公伝記逸話集』一一頁。なお元禄の旧版では「信吉、威公に告ぐ」（同上書、三頁）と、中山は頼房に報告したとする。引用した享保の改訂版は安積澹泊が、旧版の不備を調査して訂正したものである。元禄版で頼房に報告したと記された理由は、注（58）にみるように、行実の編纂者の一人であった中村顧言が『義公遺事』に光圀からの直話として記しているから、その説に従ったためと思われる。しかし、享保の改訂のときに修正された理由は、澹泊はたしかな史料によって頼房に報告したとは確認できず、家光に報告したことが確認できたからと認められる。
(55) 『桃源遺事』前掲書、九〇頁。「義公行実」前掲書、三・一一頁。
(56) 『徳川諸家系譜』第三、一〇五頁。
(57) 『高松藩記』三頁。
(58) (43) と同じ。この『桃源遺事』の引用部分の出典は、次の『義公遺事』（前掲書七〇頁）である。

源英公ハ大猷公へ英勝院様ノ御耳ニ御立被レ成候ユヘ、召下サレテ御取立ナリ、下館五万石被レ進候時モ、源威公ヨリ御礼被二仰上一候事ハ御無用ノ由、其方《そのほう》ハステ被レ申テ知被レ申間敷《まじく》候。此《この》方《ほう》ニテ御ヒロヒ被レ成候間、御礼ニ不レ及トノ上意也。

この記事は「元禄三年庚午十一月四日ノ夜侍ルニ、御直《おじき》ノ御物語也」と注記されている。しかし、直話だったとしても、『桃源遺事』のようには解釈できない。第一に『義公遺事』には英勝院の歎願の年は記されていない。また「召下」とあって、上方から呼ばれたことを示している。そのうえ、『義公遺事』は光圀の直話を多く載せているが、何の質問に答えたものかは記されていない。この話が何の質問に答えたものかを考えるとき、この直話は二段に分かれている点が注目される。すなわち、「召下サレテ御取立ナリ」と「下館五万石被レ進候時モ」の間で、後者に「モ」とあるように分かれている。おそらく記録者である中村顧言の質問は、光圀の世子擁立の事情だったと推測される。それに答えて光圀は、頼重が呼び戻されたのは英勝院の将軍家光への歎願であることを述べて、それ以上は語らなかったのである。そして、「下館五万石被レ進候時モ」と話題をそらしたのである。また、家光と頼房の間で捨てた、拾ったとの問答があったというのも、事実というよりは光圀の思いを語っているように私には思われる。総じて光圀は相続問題を正確に語ろうとはしなかった。右の引用でも、将軍は秀忠でなく、家光である。またたとえば、『義公遺事』が光圀の直話として伝える寛文元年の頼房の死亡後、兄弟を集めて頼重の子を養子に決めた話において、光圀が世子になったのは「威公ノナサレ候事に候へハ」（前掲書、六八頁）と語ったと記されている。また付家老中山が水戸に世子の選定に来たとき、中山は結果を家光ではなく、「源威公へ申上ケ」た（前掲書、六九頁）と、頼房に報告したと語ったと記されている。

(59)『徳川実紀』第三篇、一四四頁。

(60)『徳川諸家系譜』第二、四一頁。

(61) 同右書、一二三七頁。
(62) (57) と同じ。頼重を託された滋野井季吉は、頼重の世話を天龍寺門前に住んでいた岡本庄右衛門に依頼した。岡本は『嵯峨御由緒日記』を残している。私はこの日記を未読であるが、この日記を引用した『松平頼重伝』(五〜一二頁) によると、頼重の帰国は次のようである。寛永九年一〇月一二日に帰国の内意を伝える書状がきた。同年一一月一二日には正式な通知がきて、同月二八日に出発した。これでは頼重の下に連絡がきたのは、寛永九年一〇月一二日になってしまう。もちろん、そうではありえない。水戸家と頼重問題で交渉に当たったのは当然、季吉である。したがって、岡本は結論だけ知らされて日記に記した。すなわち、それ以前の交渉の経過は与り知らなかったのである。
(63) 「梅里先生の碑陰幷に銘」『水戸義公全集』上、一九二頁。
(64) 『小神野夜話』『新編香川叢書史料篇㈠』八三二頁。
(65) 『徳川諸家系譜』第二、四六・二五〇頁。
(66) 『水戸義公年譜』『水戸義公伝記逸話集』二八九頁。なお同書は寛政から文化ころの著作である (同上書、三六〇〜三六一頁)。
(67) 『義公遺事』前掲書、六九頁。
(68) 『徳川諸家系譜』第二、一二三七〜一二三八頁。
(69) 同右書、一二〇〇頁。
(70) 小宮山楓軒は『水戸義公年譜』(前掲書、二八九・二九〇頁) に、『源流綜貫』と口宣案を出典として寛永一〇年九月五日に光圀はこの官位に叙任されたと記したが、ふたたび「按ずるに、また位記を追賜するなり」と注記した。さらに「故に日次記、十三年七月六日、左衛門督に任ずに作る。御系図大全十三年六月六日に作る」と指摘している。なお楓軒は同年譜の寛永一三年の条に光圀の元服は記すが、叙任は記していない。「日次記」などは典拠とすべき文献と認めなかったと判断される。しかし、寛永一三年叙任説は享保八年版の「義公行実」（前掲書、一一頁）以来存在した。そこには出典は記されていないが、寛永一三年の「七月六日、元服を加へ、従五位上に叙す。従四位下左衛門督を累歴」したと書かれている。なお安積澹泊は「義公行実」の改訂にあたって、水戸藩の公的な文献はみたが、徳川家の私的文書はみられなかった（拙著『水戸光圀の時代――水戸学の源流』二―2・3を参照）。そして、『茨城県史料近世政治編Ⅰ』（三三三頁）に収められた、明治初年に水戸家が政府に提出した「常陸水戸徳川家譜」では、「寛永十三年七月六日、従五位上、同年同月同日従四位下左衛門督」と記載され、水戸徳川家の正式見解になっていた。しかし、これでは世子になった光圀が二年以上にわたって無位無官であったことになり、同日に昇進した点とあわせて、かえって不自然である。こうした誤った見解が採用された理由は、一つには光圀が世子になる以前に叙任されていたと認めることがおかしいと考えたからである。また尾紀をみると一般的なありかたにしたがって、光友は寛永一七年三月四日に元服したときに参議兼右中将になり、光貞は同九年七月七日に元服したときに従四位下常陸介になっているから（『徳川諸家系譜』第二、四一・四三頁）、光圀も元服したときに官位をえたと考えたのであろう。次に『徳川諸家系譜』第二には、御三家二代の三人の履歴は二ヶ所に書かれている。すなわち「幕府祚胤《そいん》伝」と御三家それぞれの系譜においてである。両者はおうおう一致しないが、大抵は書き方の精粗の問題である。しかし、光貞の従三位昇進は明らかに矛盾している。「幕府祚胤伝」では、光圀たちが従四位下に昇進した一〇年九月五日に「従三位」に昇進したとするが、紀伊家の系譜では、一七年三月二九日「任参議右近衛中将叙従三位」とある（同上書、四三・二三八頁）。一方、尾張の光友は一七年三月四日に参議兼右中将になり、同年七月一一日に従三位になっている（同上書、四一・二〇〇頁）。光圀は「幕府祚胤《そいん》伝」では一七年三月二九日に右中将、同年七月一一日に従三位とあり、水戸家の系譜では一七年七月一一日に従三位中将とある（同上書、四六・二五〇頁）。御三家の昇進は並行して実施されることが多く、光貞の従三位昇並は寛永一七年と判断した。

(71)『徳川実紀』第二篇、六三一頁。
(72)『水戸市史』中巻(一)、四七頁、水戸市役所、一九六八年。
(73)『徳川実紀』五九四・五九六・五九七・六〇〇・六〇九頁。
(74)同右書、五九六・五九九頁。
(75)『西山遺聞』前掲書、二一四頁。
(76)『水戸市史』中巻(一)、二三六頁。ただし、光圀の時代をへて、老中は三〇〇石以上のものが就任した。なお水戸藩の職制に関しては、拙著『水戸光圀の時代――水戸学の源流』の第三章「光圀と藩政――藤井紋太夫誅殺をめぐって」第3節「藤井専権体制の背景」を参照。

(77)『寛政重修諸家譜』第四、三九二・三九四〜三九六・四〇一頁。
(78) 同右書第十、三六一頁。
(79)『桃源遺事』前掲書、一四二頁。
(80)『水府系纂』の近藤定久の項には次のように書かれている。「義公の乳母（鍋島甲斐守直澄家士神田十郎左衛門某カ妹也）ヲ娶《めと》テ三男ヲ生ム」（カッコ内、原文細字注、以下同じ）。従来、光圀の乳母は『西山遺聞』（前掲書、二一三頁）の「西山公へ御乳付したるハ布施友雪母なり」の記述にしたがってきた。しかし、『水府系纂』で布施友雪の父政次の項をみると、「剣持図書某カ女（威公ノ老女客人カ女姪《じょてつ》）ヲ娶テ一男ヲ生ム」とあるのみである。また剣持図書の項でも、その娘の注記に「布施十衛門政次妻」とあるのみである。
(81)『桃源遺事』前掲書、九一頁。
(82) 同右書、九二頁。
(83)『玄桐筆記』前掲書、二三頁。
(84)「義公行実」前掲書、三〜四・一一頁。
(85)『玄桐筆記』前掲書、二三〜二四頁。
(86) 光圀の女性問題に関しては、前掲拙著『水戸光圀の時代』の第二章「立志と『大日本史』編纂目的」第3節「立志の意味」を参照。
(87)『徳川諸家系譜』第二、四六・二五〇頁。

(88)『西山遺聞』前掲書、二一六～二二六頁。
(89)『徳川実紀』第三篇、三三四・三三五頁。
(90)「義公行実」前掲書、六・一五頁。
(91)(63)と同じ。
(92)(86)と同じ。

第二章　初政の人事

一　問題の所在

『論語』学而《がくじ》の次の一章は孝子のあり方として、道徳を重んじる儒者のあいだで尊重された。(1)

子曰く、父在《いま》せば其の志を観《み》、父没すれば其の行《おこない》を観る。三年父の道を改むること無きは、孝と謂《い》ふ可し。

三年の喪の間は、喪に服するだけではなく、父の方法を改めないで観察する。そのうえで改めるものは改め、継承発展させるものは継承発展させるとの意味である。この教訓を光圀は、とくに人事を主眼として実行した。「義公行実」は、それを次のように伝えている。(2)

九月十五日（寛文三年）、家士二十七人の職掌を定む。威公（父頼房の諡号、注吉田）薨後《こうご》、ここに至り三年なり、公かつて曰く、三年父の道を改むることなきは、ただに孝子の忍ぶあたはざるのみならず、三年の久しきに至りては、賢否得失、これを察しすでに熟す。黜陟更張《ちゅっちょくこうちょう》、以て大過なかるべし。大抵《たいてい》先人老成して事をあらたむ。後輩軽々しくこれを左右せんとす。その害たるやはなはだし。

右の事実は、光圀が儒教道徳に厳格であったことをよく伝えているが、同時に一つの誤解を与えている。それは三年の喪の間、光圀は人事をはじめ、積極的に治政に取り組まなかったとの理解である。

野口武彦は、「光圀が本格的に内政整備に着手するのは、翌寛文二年（一六六二）の九月あたりからででもあろうか」と述べ、この月に母の弟の谷重代《しげよ》を城代家老兼老中に抜擢したことと、諸法令二七条などを公布したことを指摘した。しかし、この点を重視することなく、次のように結論づけた。(3)

光圀が家士二十七人の職掌を定めたときを、われわれは事実上の光圀政権の出発と見なしてよいだろう。この大幅な人事異動は、じつに水戸の藩政府の組閣だったのである。

瀬谷義彦は、『桃源遺事』の「頼房卿御逝去の後三年の間、頼房卿の御仕置を御用ひ、少も御改なられず候」(4)を引用した。そして、寛文三年（一六六三）九月一五日の人事を重視して、次のように結論づけた。(5)

権力の座についた光圀は、一時の感情で簡単に人を動かすことを戒めた。しかし実際この時から「改める」藩主となるのである。

鈴木暎一は『徳川光圀』において、野口と瀬谷の業績を継承した。「服喪中の光圀」の節では寛文二年（一六六二）九月の藩法の整備などの諸施策を指摘しながらも、「たしかに光圀は、父の死後三年のあいだ、藩政の基本方針に変更を加えるようなことはしなかった」と明言した。そして次の「治道の要諦」の節で、寛文三年九月一五日の人事を「重要人事の異動を発令している」と述べて、『水戸紀年』の次の記事を引用しているのである。(6)

所謂廿七人ハ、岡崎平衛門・梶川弥三郎寄合組ノ頭ニシテ老臣ニ列ス。事務ヲ預リ聴ク、与力五騎、足軽廿人ヲ属セラル。谷小左衛門・藤田将監《しょうげん》・川澄勘解由《かげゆ》大番頭タリ。伊藤玄《げん》蕃《ば》・大森主馬《しゅめ》・穂坂八郎衛門書院番（頭脱、注吉田）タリ。其外姓名職掌今略ス。

右の見解に対して私は、「徳川光圀の藤井紋太夫誅殺一件」(7)において、水戸藩士の家譜集である『水府系纂』(8)によって、光圀時代の水戸藩の重臣、家老・大老・老中・奉行を詳細に分析して、老中三人は寛文元年（一六六一）八月に、奉行三人は同二年五月と九月に新任されたことを明らかにした。

それでは寛文三年（一六六三）九月一五日の人事はいかなる意義をもつのか。私は右の『水戸紀年』の記述から、みな番方であり、とくに最初の五人、岡崎・梶川・谷・藤田・川澄は老中であることに着目して、次のように論じた。(9)

ここにあげられた八人のうちはじめの五人は、表3（光圀時代老中表）の最初の五人である。たしかに寛文三年（一六六三）九月一五日にその職に就いている（ただし、谷の職は違っている）。光圀は彼らが老中であるよりも、寄合頭・大番頭の役職に就くほうが大事であると考えていたのである。

すなわち、光圀は武士の職分は役方《やくかた》＝政治ではなく、番方《ばんかた》＝軍事にあると考えていたのである。

さらに次のように論じた。当時の水戸藩の老中は大番頭か書院番頭を兼務していた。この傾向を光圀は強化した。寛文四年（一六六四）一二月二八日に馬廻組《うままわりぐみ》を新設したとき、六人の用人のうち三人に馬廻頭を兼務させた。寛文七年三月一一日、その三人、内藤政康・赤林重政・興津重長が奉行に昇進してからも、三人は馬廻頭を兼務した。

役方軽視の光圀の方針は、藩政の運営に障害になったに違いない。そのうえ、寛文八年以降、次第に水戸藩政は破綻へと向かった。光圀は役方を重視しなければならなくなった。元禄になると、老中と奉行は番方を兼務しなくなる。そして、光圀死後の元禄一五年（一七〇二）に老中になった武藤貞広は、大番頭上座の格式をえるのである。

番方重視の考えから藩政を運営していくなかで、光圀は役方を重視するようになったのである。(10)右の私の見解は今でも基本的には変わっていない。ただ当時の『水府系纂』の分析は、役方のみにとどまって番方に及んでいなかった。そのため二七人のうち一九人は不明のままであった。また奉行以上の役職の分析にとどまったので、初期の光圀の政治姿勢を全体的にとらえていなかった。そこで本稿において、光圀が襲封した寛文元年（一六六一）八月一九日から、同三年九月一四日までの人事を『水府系纂』(11)によって詳細に分析することで、これらの課題に取り組もうと思う。それは右の私の見解に修正を迫るものでもある。

二　役方の人事

水戸藩士の格付は、布衣《ほい》以上・物頭《ものがしら》以上・素袍《すおう》以上・御規式《おきしき》以上・召出《めしだし》以上の五段階に大きく分かれ、そのなかでもそれぞれの役職には序列がつけられていた。(12)本節では役方の主な役職のこの間の任免を、格式の順に記述していく。

寛文元年（一六六一）八月一九日の時点で家老は、山野辺義忠七四歳・中山信治二四歳・雑賀重次六四歳・太田資正四〇歳・松平康兼三七歳・山野辺義堅四七歳・酒井忠治三三歳・松平重孝一二歳の八人がいたが、このうち山野辺義忠が三年九月に致仕した。日付はあきらかでない。山野辺家は一万石の国家老で、義堅はその跡取として明暦二年（一六五六）以来、家老に就任していた。なお水戸藩の家老は藩政の指導・監督はするが、直接日常的に藩政の運営にはたずさわらないで、幕府向きの仕事をしていたようである。

家老に次ぐ役方の重職で、事実上、藩政府の中心であった大老には元年八月一九日に、以前からの白井伊信五八歳と田代吉音五〇歳がいた。大老の下で同じく藩政府を構成していた老中には、以前からの岡崎昌純三九歳と梶川尚盛六一歳がいたが、元年八月に谷重代六三歳が供番頭傅准大番頭から老中准大番頭となり、同年中に藤田貞清五五歳と川澄幸隆五五歳が書院番頭傅から書院番頭老中になった。二人の就任の月は明記されていないが、光圀は三人の傅を同時に老中に登用したとみなしてよいだろう。

藩政府と諸役所を繋ぐ奉行[13]の人事は、この間に大きく動いた。元年八月一九日に奉行であったのは、望月恒隆と野村尚治であった。それに加えて、二年五月五日に准奉行[14]の佐野信久と用人の雨宮君政を登用した。しかし、同年九月一一日には望月と野村と佐野を罷免して、町奉行の加治盛胤を昇進させた。三人の罷免の理由は、望月は「辞」で大番頭列《れつ》に格付された。六七歳であっ

表1　用人

人名	年齢	前職	在職期間（年月日）	新職
野々山正勝	59	目付	寛永 19 ～ 2,9,6	取次役
栗田寛親	61	目付	正保年中～ 2,9,11	武具奉行
雨宮君政	59	目付	慶安 4 ～ 2,5,5	奉行
興津重長	32	歩行頭	万治 1,6,13 ～ 7,3,11	奉行
赤林重政	37	小姓頭	万治 3,9,2 ～ 7,3,11	奉行
伊藤信直	51	小姓頭	1,9,7 ～ 4,12,22	供番頭
桜井安連	54	小姓頭	2,9,6 ～ 5,2,16	新番頭
鈴木隆正	57	先手足軽頭	2,9,6 ～ 4,12,22	土蔵番頭
内藤政康	32	歩行頭	2,9,11 ～ 7,3,11	奉行

『水府系纂』より作成。年齢は寛文２年当時。在職期間では寛文は省略。

た。彼は勘定方に功績があったので、優遇されたのであろう。野村は老衰のための辞職である。七〇歳であった。佐野は病気のための辞職である。六二歳であった。なお留任した雨宮は五九歳、新任の加治は六二歳であった。奉行の罷免の理由の一つは高齢化にあったといえる。しかし、残った奉行も六〇歳前後であった。

なお、老中と奉行の間では身分的な格差があって、当時、奉行から老中には登用されなかった[15]。奉行から老中に登用されたのは、延宝六年（一六七八）八月二八日に登用された内藤政康と興津重長が最初である。

加治のような例外もあるが、奉行は用人から登用するのが慣例であった。そこで次に用人をみる。用人は公的な側面で藩主を補佐する役職である。

表1にみるように、元年八月一九日の時点で五人の用人がいた。すなわち野々山正勝五八歳、栗田寛親六〇歳、雨宮君政五八歳、興津重長三一歳、赤林重政三六歳である。このうち三年九月一四日までこの職に留まったのは、興津と赤林のみである。用人も大きく異動した。元年九月七日に伊藤信直五〇歳が小姓頭から登用された。これは、直前の七月二八日の本間乗直五六歳の死亡による補充である。二年になると大きく動いた。まず五月五日に雨宮が奉行に登用された。九月六日には野々山が取次役(16)に登用された。一方、同じ日に桜井安連五四歳が小姓頭から登用され、鈴木隆正五七歳が先手足軽頭から昇進した。さらに九月一一日には栗田が兼職をしていた武具奉行の専任になり、代わって内藤政康三三歳が歩行頭《かちがしら》から昇進した。用人も五〇代が目立つ。

用人は寛永二〇年(一六四三)に設置されて以来、頼房の時代に一九人が任命されたが、その前職は目付方一四人、先手足軽頭二人、奥方番頭一人、歩行頭一人と圧倒的に目付方が多かった。そして、万治三年(一六六〇)九月二日に頼房時代の最後に用人に登用された赤林になって、はじめて小姓頭から登用されたのである。これを継承して光圀は右にみたように、伊藤・桜井と続けて小姓頭から用人に登用した。頼房時代と光圀時代の役方の人事の大きな違いの一つはここにある。光圀の時代、隠居時も含めて寛文元年(一六六一)から元禄一三年(一七〇〇)までの間に、用人に任命されたものは四〇人いるが、そのうち二二人が小姓頭からの登用であった。次に小姓頭をみよう。

表2　小姓頭

人名	年齢	前職	在職期間（年月日）	新職
駒井重治	44		正保年中～ 3,9,15	奥方番頭
藤川正盈	50	小十人頭	正保年中～ 2,9,11	取次役
秋田好明	65	小十人頭	慶安 4 ～ 2,9,11	准進物番頭
川那部孝尚	58	小十人頭	慶安年中～ 2,9,11	准進物番頭
富永重元	48	歩行頭	慶安 4 ～ 2,9,11	進物番頭
桜井安連	53	小十人頭	明暦年中～ 2,9,6	用人
伊藤信直	50	小十人頭	明暦 3,3 ～ 1,9,7	用人
望月信尚	39	小十人頭	万治 1,6,13 ～ 4,12,22	進物番頭
茅根為宗	38	歩行頭	万治 1,6,13 ～ 7,3,11	用人
庄直秀	34	小十人頭	元年～ 11,9,19	用人
近藤定久	35	通事	2,9,6 ～延宝 5,4,15	進物番頭
大森信一	44	歩行頭	2,9,11 ～ 11,9,19	進物番頭
朝比奈泰且	32	小十人頭	2,9,11 ～ 7,3,11	用人

『水府系纂』より作成。年齢は寛文２年当時。在職期間では寛文は省略。

小姓頭は藩主の身の廻りの世話をする側近である。表2にみるように、元年八月一九日に小姓頭であったのは駒井重治四三歳、藤川正盈四九歳、秋田好明六四歳、川那部孝尚五七歳、富永重元四七歳、桜井安連五二歳、伊藤信直四九歳、望月信尚三八歳、茅野為宗三七歳の九人である。ほかに庄直秀三三歳は就任が寛文元年とのみあって、彼も在任していた可能性がある。小姓頭も五〇歳前後が目立つが、若返りの方向性が次にみえてくる。

この間に異動したものは、

表3　郡奉行

人名	年齢	前職	在職期間（年月日）	新職
矢野重保	47	代官	承応年中～ 9,8,4	町奉行
小湊実勝	49	代官	万治 2,8,1 ～延宝 3,12,25	町奉行
三野半左衛門		大番組頭	万治 3,5,10 ～ 2,9,11	町奉行
岡見治政	50	代官	万治 3,9,21 ～延宝 7,9,16	致仕
三宅繁長	50	代官	2,4,26 ～ 9,10,8	死
林十左衛門	53	代官	2,10,15 ～ 7,4, x	寄合組

『水府系纂』より作成。年齢は寛文２年当時。在職期間では寛文は省略。

右にみたように元年九月七日に伊藤が、二年九月六日に桜井が用人に登用された。二年九月一一日には富永が進物番頭に、秋田と川那部が准進物番頭に、藤川が取次役に転任した。代わって就任したのは、二年九月六日に近藤定久三五歳が通事から、同月一一日に大森信一四四歳が歩行頭から、朝比奈泰且三二歳が小十人頭《こじゅうにんがしら》から昇進した。

以上が布衣以上の役方の主な役職の人事である。次にそれ以下の各種の奉行をみるが、数が多いのでここでは民生と財政を担当する町奉行・郡奉行・勘定奉行・割物《わりもの》奉行のみをみる。

町奉行の格式は各種専門の奉行のなかで例外的に高く、物頭以上の格であった。ほかの諸奉行はそれ以下の、素袍以上の格であった。

町奉行の定員は二人であった。元年八月一九日に町奉行であったのは、加治盛胤六一歳と伊藤友近六一歳である。右にみたように加治は二年九月一一日に奉行に昇進した。同じ日に伊藤も新番頭に昇進した。町奉行も高齢化していたが、若返りの方向に進む。代わって同じ日に加治秀次五一歳が御腰物奉行から、三野半左衛門[17]が郡奉行から昇進した。

郡奉行の定員は四人であった。表3にみるように、元年八月一九日に郡奉行であったのは矢野重保四六歳、小湊実勝四八歳、三野半左衛門、岡見治政四九歳である。しかし、二年四月二六日に三宅繁長五〇歳が代官[18]から登用されて、定員は五人になった。四郡制から五郡制に改正されたのである。なお寛文九年にふたたび四郡制にもどった。ところで、右にみたように二年九月一一日に三野が町奉行に昇進したので、代わって一〇月一五日に林十左衛門五三歳が代官から登用された。

財政を預かる勘定方の異動は激しい。まず管理部門を担当した勘定奉行をみると、表4にみるように、元年八月一九日に勘定奉行であったのは、近藤和隆五四歳、深沢重正五九歳、酒井玄良[19]、渡辺滋五一歳、河西信豊五六歳、服部正勝四六歳、深沢直正三九歳の七人であった。このうち二年七月一四日に渡辺が、三年七月一六日に近藤が死亡した。一方、二年九月からは処罰的ともいえる人事が始まった。九月一一日に正保二年（一六四五）に大番組から登用されて一七年勤めた酒井が、大番組に戻された。二五日には寛永一七年（一六四〇）に大番組から登用されて二二年勤めた深沢重正が無役の寄合組に左遷され、また明暦三年（一六五七）に大番組から登用されて五年勤めた深沢直正は書院番組に格下になった。一一月一二日には承応三年（一六五四）に大番組から登用されて八年勤めた河西が、無役の寄合組に左遷された。残ったのは服部一人である。

表4　勘定奉行

人名	年齢	前職	在職期間（年月日）	新職
近藤和隆	55	金奉行	寛永 16 ～ 3,7,16	死
深沢重正	60	大番組	寛永 17 ～ 2,9,25	寄合組
酒井玄良		大番組	正保 2 ～ 2,9,11	大番組
渡辺滋	52	大番組	正保 2 ～ 2,7,14	死
河西信豊	57	大番組	承応 3 ～ 2,11,12	寄合組
服部正勝	47	大番組頭	明暦 3,6,5 ～延宝 1,1,9	死
深沢直正	40	大番組	明暦 3,12 ～ 2,9,25	書院番組
溝江重英	37	勘定役	2,9,6 ～延宝 5,12,17	大番組
佐藤盛定	44	矢倉奉行	2,9,11 ～ 4,7,19	大番組
内原六郎衛門	34	金奉行	3,8,13 ～ 4,3,27	死
小野正好	37	金奉行	3,9,6 ～ 4,3, x	大番組
川又通正		代官	4,6,19 ～ 12,11,19	寄合組
鮎沢尚政	49	割物奉行	4,6,19 ～延宝 1,10,3	寄合組
北河原景隆	54	割物奉行	4,6,19 ～ 5,12,3	寺社奉行

『水府系纂』より作成。年齢は寛文2年当時。在職期間では寛文は省略。

勘定奉行の再編は順調には進まなかった。代わって勘定奉行には、二年九月六日に溝江重英三七歳が勘定役から転任した。次いで九月一一日に佐藤盛定四四歳が矢倉奉行から転任したが、彼は四年七月一九日に大番組に左遷された。三年八月一三日に内原六郎衛門三五歳が金奉行から登用されたが、四年三月二七日に死亡した。三年九月六日に小野正好三八歳が金奉行から登用されたが、彼も四年三月に大番組に左遷された。結局、勘定奉行の人事が安定するのは、四年六月一九日の川又通正[20]の代官からの登用と、割物奉行であった鮎沢尚政五一歳と北河原景隆五六歳の転任を待たなければならなかった。

運用部門を担当した割物奉行は、勘定奉行のようには動揺しなかった。元年八月一九日に割物奉行であったのは、長谷川正種六六歳と岩井木工左衛門四九歳と北河原景隆五三歳の三人であった。二年九月一日に鮎沢尚政四九歳が普請奉行から登用されて、陣容を強化している。なお右にみたように、四年六月一九日に北河原と鮎沢は勘定奉行に転任した。代わって同じ日に右筆《ゆうひつ》から、箕川恒通四三歳と渡辺重次四一歳が昇進した。なお長谷川は四年中に病気のために辞職した。

光圀が襲封した元年八月一九日から、三年の喪が明けてはじめて人事を実施したといわれる三年九月一五日前日までの役方の人事をみてきた。この間、いわれるように光圀は人事に手を着けなかったのではなかった。かなり大規模に役方の人事を実施している。その意義を次に確認しよう。

たしかに光圀は既存の家老・大老・老中を留任させたが、その一方、襲封すると三人の傅、谷と藤田と川澄を老中に登用した。この人事で光圀は藩政府を、自分の意志が通りやすいように改めたといえる。

翌二年になると、奉行の人事に着手した。五月五日に佐野と雨宮を登用したが、この人事は成功しなかった。そこで九月一一日に望月と野村と佐野を辞職させ、加治を登用した。同時に九月一一日を中心にこのとき、光圀は大幅に役方の人事異動を実施した。問題点は二つあった。第一は高齢化である。第二は人材確保である。

頼房以来の奉行であった望月は寛永二〇年（一六四三）以来一九年、野村は正保元年（一六四四）以来一八年、奉行を勤めた。二人とも優秀な人材だったに違いない。しかし、二人は身分格式の障壁のために老中に登用されなかった。このために奉行までしか出世できない役方の中士上層の人事は停滞し、高齢化していたのである。九月に採用した加治が六二歳であったこと、奉行候補の五人の用人のうち三人が六〇歳前後であった点が、このことをよく示している。また町奉行も同様であった。そのほかの役職にも五〇代・六〇代のものがかなりいた。

第二の人材確保の問題とは、まず右にみたように優秀でも奉行は老中に登用されないという、身分格式の問題がある。さらにその役職にふさわしい能力のある人材を確保していなかった点が指摘できる。

頼房時代の用人の出身は目付方一四人、小物頭四人と続いて、頼房時代の最後に用人に就任した赤林になってはじめて、小姓頭から登用された。用人は公的な側面で藩主を補佐する役職である。それを監察の仕事をする目付や、軍事を担当する小物頭経験者が適切な人材であったとは思えない。また今日風にいえば藩主の秘書といえる役職の小姓頭も、頼房時代に二九人任命されているが、小姓と通事からの出身は一〇人で、残りは歩行頭九人、小十人頭八人、持筒頭一人、御腰物番一人と番方が多かった。

勘定奉行も大番組出身が多かった。より正確に頼房時代に勘定奉行に任命された一九人の出身は、大番組頭一人、大番組一一人、書院番組一人、勘定役三人、金奉行二人、役金《やくきん》奉行一人と、圧倒的に番方が多かった。ほかの奉行も同様であった。たとえば郡奉行をみると、頼房時代に任命された二四人のうち前職が判明する二一人では、大番組頭一人、大番組四人、寄合組一人、与力四人、勘定奉行二人、普請奉行一人、矢倉奉行一人、大納戸役一人、代官五人、吟味役一人と、勘定奉行ほどではないが、番方が一〇人と多かったのである。

実務官僚層の不適正な人事は、番方の優位の下、役方の未確立という時代的な背景が作用していた。光圀の時代は役方の自立化が進行し、確立していったときである。しかし、実務官僚層の登用の不適切さは、この時点で解消された。寛文二年（一六六二）から四年の勘定奉行の人事で、光圀は勘定方の人材を勘定奉行に登用したことは、右にみた。隠居時も含めた光圀の時代、寛文元年から元禄一三年（一七〇〇）の間に勘定奉行に任命されたものは二九人いるが、その出身は割物奉行三人、金奉行四人、役金奉行二人、普請奉行五人、矢倉奉行一人、代官四人、勘定役二人、大納戸役三人、大番組大納戸役二人、大番組頭一人、大番組一人、書院番組一人である。ほとんどが財務方を中心とした役方からの登用である。番方は五人いるが、このうち二人は大納戸役を兼務しているので、純粋な番方は三人のみである。

用人は光圀の時代に四〇人任命されたが、そのうちの二二人は小姓頭であったことは、右に指摘した。残りの出身は、多かった目付は四人と減り、ほかは役方からは寄合指引《よりあいさしひき》一人、大小姓通事一人、御城付四人であり、番方からは持弓頭二人、歩行頭二人、先手足軽頭四人、御腰物番一人である。用人の人事も大幅に改善されて。小姓頭を中心とした役方出身者が大半をしめるようになったのである。

寛文二年（一六六二）九月の奉行以下の役方の人事の改正は、大きな意義をもつものである。高齢化は活力の低下を意味したであろう。一方、不適正な人材登用は、職務能力の低下を結果したに違いない。光圀はこの改革に手を染めたのである。この時点では高齢化の問題は格式の壁もあり、十分解決できなかったが、実務官僚層の人材登用の適正化には成功した。もちろん、人材登用の改革は、これのみにとどまらなかった。光圀は小姓頭を用人に登用した。頼房時代の最後の用人の人事を継承したものであるが、光圀はこの方法を有効に活用して、藩政府中枢の改革にまで及ぼすのである。この点は五節で論じるとして、次に番方の人事を分析しよう。

三　番方の人事

この時期の番方の人事は役方ほどには重要ではないので、より簡潔に記述する。

寛文元年（一六六一）八月一九日から三年九月一四日までの番方の人事を格式の順にみると、城代には元年に飯田正林六三歳がいたが、二年八月一九日に死亡した。城代はこの後、寛文八年三月に白井伊信六五歳が大老から登用されるまで空席であった。元年に次に高く、事実上名誉職で常置の職ではなかった大寄合頭と寄合頭には、寄合頭に真木景猶六〇歳がいたが、三年三月三

かった。

元年八月一九日に新番頭であったのは、大森良長[21]と豊島胤重五八歳と大久保重成六四歳の三人であったが、前節でみたように、二年九月一一日に町奉行から伊藤友近六二歳が昇進した。そして、三年八月一五日に大久保が老衰のために辞職した。進物番頭は三人いたが、三年九月一〇日に福原資直四八歳が再任された[22]。奥方番頭には元年八月一九日に蘆川政次六二歳がいたが、三年八月二二日に死亡した。奥方番頭はこの後、一月近く空席となった。

以上が番方の主な布衣以上の格の役職である。次に主な物頭以上の格の役職をみよう。

旗奉行二人と鎗奉行一人は、この間に異動はなかった。持筒頭は三人いたうち、二年四月七日に久貝正信四八歳が死亡して、代わって先手足軽頭から高山重正六八歳が五月五日に登用された。持弓頭三人に異動はなかった。

四人いた小十人頭は大きく異動した。前節にみたように、元年中に庄直秀三四歳が小姓頭に昇進した。九月には歩行頭から朝比奈泰且三一歳が登用された。庄の代わりとみてよい。二年九月には大きく異動した。六日に石野氏信[23]が取次役に昇進して、代わって歩行頭から興津常吉四四歳と久木久信四〇歳が登用された。一一日には佐野源左衛門[24]が取次役に、朝比奈が小姓頭に昇進して、代わって富田政利三七歳が歩行頭から登用された。結局四人のうち三人が異動した。

七人いた歩行頭も大きく異動した。元年九月には右にみたように、朝比奈が小十人頭に登用され、代わって五百城吉恒三四歳が御腰物番から登用された。二年九月には大きく異動した。六日に右にみたように興津と久木が小十人頭に登用され、また牧野守政三六歳が先手足軽頭に転任した。代わって通事から吉田昌安三〇歳と、御腰物番から高岡通慶[25]が登用された。一一日には前節でみたように内藤政康三二歳が用人に、大森信一四四歳が小姓頭に昇進し、また右にみたように富田が小十人頭に登用された。代わって蘆川政信三一歳と木股勝久四二歳が御腰物番から登用された。歩行頭はこの間に総交代したのである。

二〇人いた先手足軽頭は五人が交代した。二年二月一九日に大久保忠氏五五歳が死亡した。五月五日には右にみたように高山が持筒頭に登用されて、代わって同じ日に供番組から富田貞次五〇歳が昇進した。九月六日には前節でみたように鈴木隆正五七歳が用人に昇進して、代わって同じ日に右にみたように歩行頭から牧野が転任した。一一日には伊藤忠一五九歳が老齢のために寄合組になり、また里見親宗六九歳が病気のために寄合組になった。代わって同じ日に近藤伝兵衛四五歳と小勝信照五四歳が目付から、真木忠兵衛[26]が御城付から、また蔭山寛信五一歳が書院番組頭から転任した。

九人いた留守居足軽頭にも異動があった。二年九月一一日に望月与五衛門[27]が病気のために、劔持吉勝七一歳が老齢のために寄合組になった。代わって同じ日に駒井久兵衛[28]が大番組から昇進し、久木秀勝四九歳が久昌院家老から転任した。そして、蘆沢吉郷[29]が三年一月一四日に、望月新八[30]が三月一七日に死亡した。

以上がこの間の番方の主な役職の異動である。特徴として、やはり高齢化が指摘できる。とくに最上層部にそれは顕著であった。しかし、大番頭以下の布衣以上の格の役職では、新番頭と進物番頭を除いて異動はなかった。これは、寛文元年（一六六一）四月に頼房によってすでに実施されていたからである。具体的に指摘すると、次のようであった。

大番頭では寛文元年四月一日に大森尹貞六二歳が致仕したのにともない、四月五日に書院番頭三木玄重四四歳が、四月七日に供番頭から武藤隆貞四六歳が登用された。大番頭はこの人事で、前年万治三年（一六六〇）正月時点の七人のうち五人が入れ替わった。すなわち、万治三年正月一九日に尾崎宗吉六〇歳が死亡した。六月二五日には白井伊信五七歳と田代吉音四九歳が大老に登用された。そして、この年に筧計正六六歳が病気のために辞職した。その一方、二月二二日に大竹正勝四八歳が書院番頭から、六月二五日には岡崎昌純三八歳が書院番頭老中から老中兼務のまま登用された。同じ日に梶川尚盛六〇歳が書院番頭列供番頭老中から老中兼務のまま登用された。大番頭も高齢化していたのである。

大番頭の大幅な交代にともない、それ以下の番頭も新たに登用されて若返った。書院番頭は寛文元年四月五日に三木が大番頭に登用されたので、四月七日に佐藤吉成四三歳が供番頭から、四月一三日に尾崎宗武三四歳が進物番頭から登用された。なお書院番頭も万治三年中に、二月二二日の朝比奈泰通二五歳の取次役からの登用と、右にみたように六月二五日の岡崎の大番頭への登用があった。

新番頭は万治三年三月六日に、大久保重成六三歳が進物番頭から登用された。

供番頭は寛文元年四月七日に、右にみたように武藤が大番頭に、佐藤が書院番頭に登用された。代わって四月一五日に穂坂武勝三八歳が進物番頭から、大森尹重四四歳が小姓頭から、伊藤友次二八歳が取次役から登用された。なお供番頭は右にみたように、梶川が前年六月二五日に大番頭に登用された。

進物番頭は右にみたように、寛文元年四月一三日に尾崎が書院番頭に、四月一五日に穂坂が供番頭に登用された。代わって四月五日に市川弘道三五歳が小十人頭から昇進し、また四月一五日に香取安冬六九歳が小姓頭から登用された。なお進物番頭は右にみたように、万治三年三月六日に大久保が新番頭に登用され、代わって九月一五日に筧徳直四一歳が小十人頭から昇進した。この時期、三人の進物番頭は総交代になったのである。

次に物頭以上の格の番方の主な役職のこの間の異動を列挙すれば、次のとおりである。鎗奉行の安積正信七三歳が万治三年七月二八日に死亡した。持弓頭では寛文元年五月一六日に蘆沢安高五九歳が先手足軽頭から登用された一方、同年六月四日に西郷副忠六三歳が死亡した。小十人頭では右にみたように万治三年九月一五日に筧が、寛文元年四月五日に市川が進物番頭に昇進した。代わって寛文元年四月一五日に横山君朝三一歳が歩行頭から登用された。歩行頭は横山の登用のほかに、右にみたように万治三年正月一九日に尾崎が進物番頭に昇進した。代わって寛文元年四月一五日に興津常吉四三歳が御腰物番から転任した。先手足軽頭では万治三年三月六日に久世忠勝四八歳が目付西丸御城付から転任した。寛文元年四月一五日には笠井重時六七歳が旗奉行に登用され、代わって同じ日に穂坂信次五二歳が留守居足軽頭から登用された。五月一六日には右にみたように蘆沢が持弓頭に登用され、代わって佐野貞猶四五歳が供番組頭から転任した。留守居足軽頭は万治三年一二月一日に望月次衛門(31)が大番組頭に転任し、代わって望月秀常四三歳が書院番組頭から転任した。寛文元年四月一五日には右にみたように穂坂が先手足軽頭に登用され、代わって五月一六日に経島信政五二歳が供番組から昇進した。

番方の人事は、とくに上位のものほど頼房時代の末期に高齢化が進行していた。これに対して頼房は最晩年に大番頭以下の大幅な入れ替えを実施した。番方、とくに上位はかなり若返っていたのである。光圀が番頭の人事にはやくから取り組む必要性はなくなっていたのである。

それに対して異動の少なかった物頭以上の格である小物頭は、寛文二年（一六六二）九月を中心とした役方の人事に大きく影響された。四人いた小十人頭はこの間に、石野と佐野が取次役に昇進し、庄と朝比奈が小姓頭に昇進したために、留任したのは一人だけであった。この影響をその下の歩行頭は受けた。内藤が用人に大森が小姓頭に昇進したほかに、四人が小十人頭に登用され、一人が先手足軽頭に転任されたために、歩行頭七人は総交代となったのである。その下の先手足軽頭も、鈴木が用人に昇進するなどの影響を受けたのである。

四　寛文三年九月一五日の人事

二節でみたように、光圀は襲封直後の寛文元年（一六六一）八月に老中の人事を実施した。翌年五月には奉行の人事を実施し、さらに九月に奉行以下の役方の大幅な人事を実施した。それは三節でみたように、番方の小物頭層にまで大きく影響するほどであった。それでは寛文三年九月一五日に、光圀がはじめて人事を実施したと誤伝され、信じられてきた人事とは、どのようなものであったのであろうか。

表5と6は私が確認した二七人の人事異動である。二七人の番方の人事を実施したのである。このほかこの日に、山内政武[32]が与力から普請奉行に昇進し、山県元纜三五歳が進物番から小納戸役に登用されたが、これは役方への人事であるのと、番方の二七という数字で数が満たされているので、除外した。表5は布衣以上の格の分であり、表6はそれ以下の中士の分である。

表5からみる。襲封以前からの老中であった1と2の梶川と岡崎は老中兼務のまま、大番頭から年長の梶川は大寄合頭准家老に、岡崎は寄合頭に登用された。老中のなかで最年長であった3の谷は老中を解任されて、准大番頭から城代格寄合頭准家老に格式をあげた。半ば名誉職であった大寄合頭と寄合頭は、三節でみたように当時空席であった。

4と5の藤田と川澄は老中兼務のまま、書院番頭から岡崎と梶川に代わって、大番頭に登用さ

表5　寛文３年９月15日の人事（布衣以上の分）

	人名	年齢	禄高	前職	新職
1	梶川尚盛	63	800	大番頭老中	大寄合頭老中准家老
2	岡崎昌純	41	1000	大番頭老中	寄合頭老中
3	谷重代	65	600	老中准大番頭	城代格寄合頭准家老
4	藤田貞清	57	800	書院番頭老中	大番頭老中
5	川澄幸隆	57	500	書院番頭老中	大番頭老中
6	伊藤友次	30	2000	供番頭	書院番頭
7	大森尹重	46	800	供番頭	書院番頭
8	穂坂武勝	40	300	供番頭	書院番頭
9	市川弘道	37	600	進物番頭	供番頭
10	筧徳直	44	500	進物番頭	供番頭
11	川那部孝尚	60	300	准進物番頭	供番頭
12	秋田好明	67	300	准進物番頭	新番頭
13	石野氏信	60位	200	取次役准上寄合	進物番頭
14	富永重元	50	300	准進物番頭	進物番頭
15	駒井重治	46	300	小姓頭	奥方番頭

『水府系纂』より作成。

れた。欠員の生じた書院番頭には、6と7と8の伊藤と大森と穂坂が供番頭から登用された。書院番頭は一人多くなった。定員は六人であったのに、七人となった。これは組を増やしたのではなく、表5のなかで年齢がもっとも若い三〇歳であるが、禄高が飛びぬけて高い二〇〇〇石の伊藤を優遇するための措置であったと思われる。門閥の出身の彼は、翌年正月には傅准大番頭に登用され、その後、大番頭、老中、大老、家老と出世した。

三人の供番頭の後任には、9と10の市川と筧が進物番頭から、11の川那部が准進物番頭から登用された。進物番頭の後任には13の石野が取次役准上寄合から、14の富永が准進物番頭から登用された。石野の禄高は二〇〇石と、この表のなかでもっとも低いが、彼はこの年一二月に三〇〇石になった。ここまでの人事は連続している。九月一五日の人事の眼目はここにあったといえる。

表5の残りの人事を確認すると、12の秋田の准進物番頭から新番頭への登用は、三節にみたように大久保重成六六歳の老衰による辞職のための補充である。15の駒井の奥方番頭への登用は、三節にみたように蘆川政次六四歳の死亡にともなう補充である。

次に表6を確認すると、16の神戸の鎗奉行から旗奉行への登用により、普通二人の旗奉行が三人になった。これは近藤喜左衛門[33]が、この直後の一〇月一四日に致仕しているから、それを予想しての人事であろうか。17の穂坂の先手足軽頭から、18の都築[34]の留守居足軽頭から鎗奉行への登用は、神戸の登用と一人欠員であった補充である。

19の河村の先手足軽頭から持筒頭への登用は、若菜吉正[35]の老衰による寄合組への異動にともな

表６　同人事続き（以下の中士分）

	人名	年齢	禄高	前職	新職
16	神戸安信	70	300	鎗奉行	旗奉行
17	穂坂信次	54	200	先手足軽頭	鎗奉行
18	都築五郎衛門	60位	200	留守居足軽頭	鎗奉行
19	河村伝三郎	64	200	先手足軽頭	持筒頭
20	彦坂重長	38	200	御腰物番	歩行頭
21	鈴木正重	47	200	目付	先手足軽頭
22	五百城吉恒	36	400	歩行頭	先手足軽頭
23	古沢常兼	61	200	書院番組頭	留守居足軽頭
24	埖和勝賢	54	200	大番組	留守居足軽頭
25	朝倉宗左衛門	50位	200	大番組	留守居足軽頭
26	小野盛員	27	350	大番組	大番組頭
27	秋田好興	38	切符	小納戸役	御腰物番

『水府系纂』より作成。

う補充である。20の彦坂の歩行頭への昇進は、22の五百城の先手足軽頭への転任の補充である。そして五百城と21の鈴木の目付から先手足軽頭への転任は、穂坂と河村の登用にともなう補充である。23の古沢と24の埖和と25の朝倉の留守居足軽頭への昇進は、都築の登用と元からあった欠員の補充である。

26の小野の大番組頭への登用は、この直後の一〇月一四日に渡井玄雄六二歳が致仕したから、それを予想しての人事であろうか。27の秋田の御腰物番への転任は、もちろん彦坂の昇進にともなう補充である。なお秋田好興は知行取でなく切符であるが、これは彼が秋田好明の嫡子であったからである。

以上にみたように、表5の残りと表6の分は、別個の欠員の補充のための人事であった。明らかに寛文三年(一六六三)九月一五日の人事の眼目は、老中の大寄合頭・寄合頭・大番頭への格上げにあった。番方優位の環境のなかにあって、老中を番方の最高位ともいえる地位に就けたことは、ともすれば軽視されがちな藩政府と老中を権威づけたことは疑いない。とくに大寄合頭の任命ははじめてであり、寄合頭も真木につぐものであった。頼房時代に老中に任命された九人は、家老と城代を兼務した肥田政勝を例外として、大番頭か書院番頭でしかなかったのである。

ところで、二つの表からはもう一つ重要な点が読み取れる。光圀との関係である。表5からみてみよう。1から5は老中であった。このうち谷と藤田と川澄は、光圀の傅であったことは再三指摘した。また谷は光圀の母の兄であった。6の伊藤の伊藤家は、光圀を育てた三木之次の家と親戚であり、友次は三木家の養子になっていた。光圀の傅であった父友玄《ともはる》が亡くなったので頼房の命で伊藤家に帰り、相続したのである。また友次は光圀の妹助《すけ》の聟であった。7の大森の父尹貞は明暦元年(一六五五)から寛文元年(一六六一)四月一日まで、光圀の傅であった。11の川那部は寛永年中に光圀に奉仕した。12の秋田は寛永一四年(一六三七)に光圀に逮事した。逮事と奉仕の意味の違いは明らかでないが、いずれにしても側近く仕えたのである。そして、13の石野の母は、光圀が誕生したときに介副《かいぞえ》を勤めた老女高島である。14の富永も寛永一七年に光圀に逮事した。

右にみたように表5のほとんどの人物に、光圀と強く結びつく個人的な関係を指摘できる。同様のことは表6においても、三人指摘できる。

22の五百城はもと井尾木と書いた。彼の高祖父は長宗我部元親《ちょうそがべもとちか》の兄本吉で、土佐の井尾木に住したので井尾木と名乗ったのである。それを光圀が命じて、五百城に改めさせたのである。26の小野は、歌舞伎者であった青年光圀を諫めた傅の小野言員《ときかず》の嫡孫である。27の秋田は寛永一六年（一六三九）に光圀に奉仕した。

光圀がはじめて人事に取り組んだと伝えられる寛文三年九月一五日の人事において、光圀と強く結びつく個人的な関係をもつ人物が多いということ、とくに身分の高いものに多い点が、この人事の大きな特徴の一つである。

一般にこれまで光圀の役職の人選は、次のようであったと説かれてきた(36)。

西山公若き御時より御老後迄、御家士の中にて御気ニ入、御心安《おこころやすく》内外被ニ召仕一候者有レ之候。然《しかれ》とも役儀ハ其《その》者の器《うつわ》相応ニ被二仰付一候。昔分《わけ》て御気ニ入候者有レ之候を、人皆重き役儀可レ被二仰付一と取沙汰仕候を西山公風《ふ》と御聞付被レ仰候は、沙汰仕候通、何某事ハ我か気ニ入候。乍《さりながら》レ去政事の方ニ可レ用器にあらず、愚なる沙汰を申候迚《とて》御笑被レ成候。されは下々にて存掛《ぞんじかけ》もなき士共に、御取立被レ遊候者まゝ有レ之、又御気に入候者共ニ差たる官禄ニも不レ預者も数多《あまた》在レ之候。仍《よっ》て西山公の御心中ハ何ともおし計《はかり》奉り難き事也と皆申あへり。

私情を挟まず、藩内を広く見渡して、能力のあるものを任用したというのである。襲封直後に三人の傅を老中に登用したことといい、この番方の人事といい、そうした印象は受けない。少なくとも初期の光圀は、親しい関係にある家臣を優先して登用したのである。

五　初政の人事の意義

一節に引用した「義公行実」の寛文三年（一六六三）九月一五日の人事に臨んだ光圀の意気込みを伝える言葉を、ふたたび引用しよう。(37)

公かつて曰く、三年父の道を改むることなきは、ただに孝子の忍ぶあたはざるのみならず、三年の久しきに至りては、賢否得失、これを察しすでに熟す。黜陟更張《ちゅつちょくこうちょう》、以て大過なかるべし。大抵《たいてい》先人老成して事をあらたむ。後輩軽々しくこれを左右せんとす。その害たるやはなはだし。

三年父の道を改めないのは、孝子の心の問題のみでなく、家臣の能力を正しく理解し、適正に任用するために必要だと述べている。しかし、すでにみたように、光圀は寛文元年（一六六一）と二年に役方を中心とした重要な人事を実施していた。

当時は定期異動とか定年制とかいう慣行や制度はなかったから、郡奉行のように増員したり、新しい役職を設ける以外は、欠員を順次補充していくのが通例であった。ただし、役方の多くには正確な意味での定員はなかった。それなのに集中的に人事異動が実施されたということは、そこに政策的意図的な配慮があったとみなさなければならない。

それにもかかわらず、光圀が右のように役方の人事を無視する発言をした、また発言できた理由は、光圀が武士の職分は番方、軍事にあると考えていたからに違いない。またこの光圀の言葉を怪しみ疑うことなく家臣たちが伝えたのも、彼らも同様にこの伝統的な武士観にとらわれていたからだ、といえる。

近世、役方の重視は着実に進行したが、武士の職分は番方と、番方を重視する傾向は改められることはなかった。たとえば、我々が政治史的経済史的に具体的に水戸藩を分析するときに、郡奉行や勘定奉行を重視する。また水戸藩は思想史的に重要な藩であるが、その核心となる地位である彰考館総裁は小納戸役を兼務していた。しかしながら、これらの役職は素袍以上の格でしかない。そして、番方でこの格であるのは番士なのである[38]。

寛文三年九月一五日の人事は、光圀が武士の職分は番方、軍事にあるとの思想を有していたことを示していた。しかし、この人事の意義はそこにとどまるものではなかった。光圀は、老中たちを番方の最高位ともいえる地位に就けることで藩政府を権威づけた。また番方の重臣の多くに、個人的に親しい関係にある家臣を就任させた。この点も光圀が藩政を運営するうえで、大きな力になったに違いない。なぜ光圀はこのとき藩政府の権威を高め、また重臣層を自分と親しい家臣で固めたのであろうか。

光圀は高禄の家老の家をつぎつぎと断絶させ、また八人から一〇人いた家老の数を三、四人に減らしたこと（一一六頁の表1参照）がもっともよく示すように、藩主絶対権の確立に努めた人である。[39]光圀はなぜ絶対権を求めたのであろうか。一つには個人的な資質という点もあげられるが、なによりも必要だったからである。それは三四歳で襲封したときからであったに違いない。

水戸藩は慶長一四年（一六〇九）に成立した新規取り立ての若々しい藩であった。以来五二年、大藩御三家にふさわしい家臣団の編成と行政組織の整備に取り組んできた。しかし、頼房の晩年になって硬直化して機能不全に陥っていたのである。その一つは高齢化にあったことはすでに指摘した。この問題は番方においては、頼房の時代末年に改善の努力が始まっていた。光圀は十分な成果はただちに挙げられなかったけれども、この方針を継承した。個人的にも三四歳の若い藩主であった光圀にとって、重臣に高齢者が多いのはやりにくかったに違いない。そして、役方の適正な任用の問題があった。襲封した光圀は、改革に取り組まなければならなかったのである。

役方の人事の適正化の問題は具体的には、どのようなかたちで顕現していたのであろうか。それは財政破綻の問題からであったに違いない。二節でみたように、勘定奉行は七人のうち六人が交代となった。しかもその異動は懲罰的であった。勘定奉行は以後、番方中心から財務方を中心に登用されるようになった。そのうえ、ふたたび財政破綻が明白になった貞享二年（一六八五）から三年にかけて勘定奉行は総交代したから、この問題が大きかったことは疑いない。

水戸藩の財政をみると、寛永二〇年（一六四三）で三六万石余のうち、諸給分等三三万石余を除いた藩主収納高は三万七〇〇〇石余で、金にして八七四二両であった。支出は一万八六六〇両で、九九一八両の赤字であった。支出のうち二三〇〇両が借金の利息であったから、すでに何万両もの借金があったといえる。しかし、頼房の時代は幕府から家康の遺金一五万両、秀忠の遺銀二万枚（金にして一万七二〇〇両）と家光の遺金の下賜があって財政的に維持できたが、「晩年には漸次逼迫しはじめて、次代に及んだ」と指摘されている(40)。

光圀が襲封したときの水戸藩は財政的に破綻し、人事面でも硬直化していたのである。改革が必要であった。しかし、いくら意欲溢れる若き藩主光圀といえども、身分格式の壁は厚かったに違いない。そのうえ、慣習が支配する封建社会であるから、登用の方法を全面的に変えることは、かなりむずかしかったに違いない。

光圀は一歩一歩、前進した。寛文元年八月に傅であった三人を老中に任命した。二年九月には役方の大幅な人事異動を実施し、人事の適正化を推進した。番方からの任用を減らして、専門性を重んじた人事に変更することは困難であったであろうが、財政破綻をもたらした勘定方のあり方が有効に作用したに違いない。また藩政府中枢への道として、用人を小姓頭から登用した。寛文二年九月、光圀は法令二七条を発布するとともに、次のように厳命した(41)。

士家婚儀諸饗宴ノ制十三条ヲ命セラル。又頻年《ひんねん》士農ノ窘窮《きんきゅう》ヲ察シタマヒ、節倹質素ノ制令ヲ執政ノ臣及諸物頭町奉行郡奉行ニ命セラル。又士庶ノ法令ヲ定メ、風儀ヲ正シ、諸有司政事ニ惰《おこた》ルヘカラサル旨、厳《げん》ニ命セラル。スヘテ七条ナリ。其《その》意甚《はなはだ》丁寧懇切ナリ。

前半は要するに財政が破綻したための、質素倹約の奨励である。財政問題がいかに当時、重要な課題であったかを示している。だが、ここでとくに注目すべきは最後の部分である。光圀は「諸有司政事ニ惰ルヘカラサル旨」厳命したのみならず、それを（正確には七条のすべてであるが）「甚丁寧懇切」に説いたのである。有司が政治に励むのは当然のことである。その当然のことを厳命し、「丁寧懇切」に説いたということは、当時の水戸藩がそうなっていなかったことを意味している。また光圀はこのとき、そのための改革を実施したことを意味しているのである。そして、寛文三年九月一五日の人事を実施して藩政府の権威を高め、また身辺を固めたのである。

その後も人材確保の努力は続けられた。四節で『桃源遺事』が伝える光圀の人選の方法を紹介し、そこでは否定的な見解を述べたが、光圀が人材を求め続けたことは事実である。光圀は身分格式の障壁を少しずつ打ち破っていった。また若返りを図った。その方法は二つあった。一つは下位のものの登用である。老中でいえば、原則として本来五〇〇石以上のものが任命されていたが、光圀は三〇〇石まで下げた[42]。

もう一つは役方の重視である。信条と違って、藩主としての光圀は役方を重視しなければならなかったのである。それまで奉行は老中に登用されなかったが、延宝六年（一六七八）八月二八日に内藤政康四八歳と興津重長四八歳を奉行から登用したことは二節で述べた。以後、老中の大半は奉行から登用された。なお、老中は大番頭か書院番頭を、奉行は馬廻頭を兼務したが、元禄になるとそれも解消の方向に向かった[43]。

内藤と興津の年齢は四八歳と、二節でみた初期の奉行に比べて、格段に若返っている。奉行は用人から登用された。用人の多くは小姓頭から登用するように光圀は改めた。かくして小姓頭・用人・奉行・老中・大老と進むのが、もっともオーソドックスな役方の出世コースになった。もちろん、光圀はこの要となった小姓頭に有能な若手を採用した。

その実例を光圀が最後に大老に任命した二人、伊藤友親と肥田政大が大老になるまでの履歴をみて確認しよう。

伊藤友親は友次二〇〇〇石の弟で、庶子であった。光圀に取り立てられてから、次のように出世した。

寛文二年三月一五日二五歳、小姓。同年九月六日、大小姓通事。同四年閏五月一七日二七歳、小姓頭。同七年三月一一日三〇歳、用人。延宝五年一二月四〇歳、奉行准書院番頭馬廻頭。天和三年五月二〇日四六歳、書院番頭老中。貞享四年七月一〇日五〇歳、大番頭老中。元禄六年六月一六日五六歳、大老。

肥田政大は家老で、後に光圀の兄頼重の後見人一万石となった肥田政勝の孫であるが、やはり庶子であった。光圀に取り立てられてから、次のように出世した。

寛文三年一二月一八日一六歳、小姓。同九年六月一八日二二歳、御腰物番。延宝二年一一月一九日二七歳、歩行頭。同八年一二月二七日三三歳、小十人頭。天和二年四月九日三五歳、小姓頭。貞享三年二月五日三九歳、奉行馬廻頭。元禄元年七月晦日四一歳、老中准書院番頭。同三年三月二九日四三歳、書院番頭老中。同四年三月四日四四歳、大番頭老中。同六年六月一七日四六歳、大老。

庶子であった伊藤と肥田は、光圀に召出されて大老にまで出世した。有望だと判断されると、抜擢するのもはやかった。肥田のごときは用人を飛び越して、小姓頭から奉行に出世した。もちろん、その逆もあった。典型的には重臣の処罰である。光圀は重臣を数多く処罰した大名であった(45)。

光圀の人材登用は成功したのであろうか。この評価は難しい。ただ、もしマイナス面があったとしたら、藩主絶対権を掌握しようとした光圀の個人的判断が優先したためであろう。

寛文八年（一六六八）以降、水戸藩領農村は荒廃情況が進行した。この解決のために光圀は「民に凍餒《とうたい》あらば、いずくんぞ人牧《じんぼく》を用ゐん(46)」といって、藩主であった最後の二年、元禄二年（一六八九）と三年の検見を「人牧」、郡方の役人ではなく農民に任せた。この事実は、藩主であった末期の光圀は藩政府と対立していたことを示している。この時期、財政を考えながら着実に農村を復興させるべく元禄改革に着手していた藩政府と、財政を考えずに早急に成果を挙げようとした光圀とは、対立していたのである(47)。光圀の判断がかならずしも適正でなかった一例といえる。

寛文三年（一六六三）九月一五日の人事は、表面的には光圀が儒教的道徳主義者であることを明確に示したものである。その一方、着実に改革を進めてきた光圀は、人事上、このとき藩主としての自己の権力基盤を確実なものにしたのである。

（1）『論語』三〇頁、明治書院、一九六〇年。なお、より簡略な表現は里仁（同書、一〇〇頁）にもある。
（2）「義公行実」『水戸義公伝記逸話集』一二頁、吉川弘文館、一九七八年。これは享保八年の改訂版である。元禄一四年版は同趣旨であるが、語句が一部違っている（同上書、四頁）。
（3）野口武彦『徳川光圀』一二六〜一二七頁、朝日新聞社、一九七六年。なお次に述べるように、谷は母の兄であり、また登用の時期と役職も間違えている。
（4）『桃源遺事』『水戸義公伝記逸話集』九五頁。
（5）瀬谷義彦『水戸の光圀』一三九〜一四一頁、茨城新聞社、一九八五年。なお瀬谷は服喪中に改めた点として、勅使の返礼に自ら出向いたことと、武家諸法度に儒者が医陰と併記されていたのを除いたことと、笠原水道の建設をあげている。
（6）鈴木暎一『徳川光圀』九一・九五頁。吉川弘文館、二〇〇六年。また『水戸紀年』『茨城県史料近世政治編Ⅰ』四六四頁、茨城県、一九七〇年。なお、この『水戸紀年』の記事は、注（2）に引用した「義公行実」の文に続けて書かれている。また、次に述べるように谷の職は間違っている。
（7）拙稿「徳川光圀の藤井紋太夫誅殺一件」（『東京家政学院筑波短期大学紀要』第4集第1分冊所収、一九九四年）。後に拙著『水戸光圀の時代――水戸学の源流』（校倉書房、二〇〇〇年）に第三章「光圀と藩政―藤井紋太夫誅殺をめぐって」と改題して所収。
（8）『水府系纂』、彰考館所蔵、茨城県立歴史館写真版。

(9) 前掲拙著、九四頁。
(10) 同右書、第三章「光圀と藩政―藤井紋太夫誅殺をめぐって」第3節「藤井専権体制の背景」参照。
(11) 以下、『水府系纂』が出典の場合は注記を省略する。
(12) 「水戸藩慶応年間迄の諸役順書」『水戸見聞実記』前付、『水戸見聞実記水戸藩末史料』所収、歴史図書社、一九七七年。この順書には誤りや誤植がある。また役職の変遷があり、光圀の時代と違っているものもある。なお、本稿では五段階の格付のなかで同一の格付内での出世は登用と表現し、上の格付への出世は昇進と表現し、異動した役職間の上下関係が不明な場合と同じ格付内での降格の場合は転任と表現した。また処罰的な降格は左遷などと表現した。
(13) 水戸藩の奉行は寛延三年に若年寄と改称されたように、一般の奉行と違って、藩政府と諸役所を結びつける役職であった。
(14) この准を説明した史料は管見のかぎり、みあたらない。ところで、谷は後に述べるように、寛文三年九月一五日に城代格寄合頭准家老になった。一般の大名家と同様に水戸藩でも、役職の格付は元来の軍事編成のものが適用された。そのとき、城代とか大番頭とかもともとあった役職ならば問題はなかったが、役方とか番方でも新設の役職は、城代格とか大番頭上座というように表現された。しかし、この表現では優遇が十分に表現できなかったときに、准が使われたのであろう。水戸藩の役職の第一は家老、第二は城代である。それ以前の谷は准大番頭であった。大番組は組数が定まっているから、本来名誉職であったことは間違いない。しかし、役職の異動をみていくと、准に任じられたものの補充をしている例が多くみられる。この場合、その職務を補助的に担当していたと判断される。二様に使用されたとみなされる。

(15)(12)の史料によって水戸藩士は役職から五段階に格付されることを示したが、これと違って、水戸藩において上士・中士・下士と分類する場合、当時は次の基準がよいと私は考えている。上士とは老中になれる書院番頭以上の、禄高では五〇〇石以上のもの、中士とは郡奉行になれる一〇〇石以上のもの、下士とは一〇〇石未満のものである。

(16)取次役は分析しなかったが、数名在任していた。「格式用人ノ上」(二巻、朝比奈泰道の項)である。職務を明記した史料をみたことはないが、奉行の下役であろうか。

(17)水戸藩士の年齢は『水府系纂』に死亡時の年齢が記されているので判明するが、なかに記されていないものもある。とくに初期に多い。三野の死亡時の年齢は記されていないが、彼は明暦年中に家督をし、延宝四年に死亡したから、三〇歳くらいであったと思われる。

(18)水戸藩の代官は農政一般を扱う郡奉行と違って、蔵入地の年貢収納にあたった役職である。

(19)酒井の死亡時の年齢は記されていないが、彼は寛永三年に家督をし、寛文三年に死亡したから、五〇歳を超えていたと思われる。

(20)川又の死亡時の年齢は記されていないが、彼は寛永年中に取り立てられ、延宝四年に死亡したから、五〇歳くらいであったと思われる。

(21)大森の死亡時の年齢は記されていないが、彼は元和年中から出仕して、同年中に家督をし、寛文四年に死亡したから、六〇歳にはなっていたと思われる。
(22) 福原は慶安四年六月に進物番頭に任命されたが、万治二年三月二二日に病気のために辞職した。
(23) 石野の死亡時の年齢は記されていないが、彼は慶長一九年に奉仕し、寛文一一年に死亡したから、少なくとも六〇歳に近かったと思われる。
(24) 佐野の死亡時の年齢は記されていないが、彼は寛永年中に取り立てられ、延宝四年に死亡したから、五〇歳くらいであったと思われる。
(25) 高岡の死亡時の年齢は記されていないが、彼は正保年中に禿《かむろ》となり、元禄三年に死亡したから、三〇歳くらいであったと思われる。
(26) 真木の死亡時の年齢は記されていないが、彼は寛永年中に奉仕し、寛文九年に死亡したから、五〇歳は超えていたと思われる。
(27) 望月の死亡時の年齢は記されていないが、彼は元和四年に取り立てられ、寛文三年に死亡したから、六〇歳は超えていたと思われる。
(28) 駒井の死亡時の年齢は記されていないが、彼は長束正家《なつかまさいえ》に仕えた後、寛永年中に奉仕し、寛文九年に死亡したから、六〇歳は超えていたと思われる。
(29) 蘆沢の死亡時の年齢は記されていないが、彼は元和元年に取り立てられ、寛文三年に死亡したから、六〇歳は超えていたと思われる。
(30) 望月の死亡時の年齢は記されていないが、彼は元和年中に家督をし、寛文三年に死亡したから、六〇歳にはなっていたと思われる。
(31) 望月の死亡時の年齢は記されていないが、彼は寛永一三年以前に養祖父の家督をし、寛文一一年に死亡したから、五〇歳くらいであったと思われる。
(32) 山内の死亡時の年齢は記されていないが、彼は明暦年中に奉仕し、元禄八年に死亡したから、四〇歳くらいであったと思われる。
(33) 近藤の死亡時の年齢は記されていないが、彼は元和年中に奉仕し、寛文四年に死亡したから、六〇歳は超えていたと思われる。
(34) 都築の死亡時の年齢は記されていないが、彼は寛永八年に家督をし、寛文五年に致仕して、延宝三年に死亡したから、六〇歳にはなっていたと思われる。
(35) 若菜の死亡時の年齢は記されていないが、彼は寛永年中に奉仕し、寛文三年九月一五日に老衰のために寄合組となり、翌年に死亡したから、六〇歳は超えていたと思われる。なお、若菜も九月一五日の人事の一環であるが、老衰による寄合組への異動であるから数えなかった。
(36) 『桃源遺事』、前掲書、一四二頁。
(37) (2)と同じ。
(38) (12)と同じ。
(39) 前掲拙著第三章「光圀と藩政―藤井紋太夫誅殺をめぐって」第3節「藤井専権体制の背景」と本書三―2参照。

(40)『水戸市史』中巻(一)、二七四~二八〇頁。水戸市役所、一九六八年。なお、引用は二七九頁。

(41)『水戸紀年』、前掲書、四六三頁。なお、この法令二七条などは管見のかぎり、みあたらない。

(42)(43)(10)と同じ。

(44)もう一人藤井紋太夫がいるが、彼は光圀に誅殺されたために『水府系纂』に載っていない。そのために詳細な履歴は不明なので省略した。

(45)(39)と同じ。

(46)「義公行実」、前掲書、六・一五頁。なお元禄版では検見を農民に任せたことは記されていない。

(47)前掲拙著、第一章「治政と実像」を参照。

第三章　苦悶の西山隠棲

一　西山隠棲の問題点

徳川光圀は近世を代表する仁政を施した名君であり、道徳的にも優れた偉人であると評価されてきた。そのような光圀の隠棲生活は、悠々自適の落ち着いたものであったと思われ勝ちであった。光圀自身、元禄四年（一六九一）にみずから執筆した「梅里先生の碑陰并に銘」に、次のように記している(1)。

常に賓客を喜び、殆《ほとん》ど門に市す。暇あるごとに書を読めども、必ずしも解を求めず。歓びて歓びを歓びとせず。憂へて憂ひを憂ひとせず。月の夕、花の朝、酒を斟《く》み意に適《かな》へば、詩を吟じ情を放《ほしいまま》にす。声色飲食《いんし》、その美を好まず。第宅《ていたく》器物、その奇を要《もと》めず。有れば則ち有るに随って楽胥《らくしょ》し、無ければ則ち無きに任せて晏如たり。

しかし、この文は光圀がこうありたいと願ったものであって、事実、そうであったことにはならない。

光圀とはどのような人物であったのか。鍵は『史記』の「伯夷伝《はくい》」を読んだ一八歳の立志である。このとき、光圀は三点の決意をした。第一は嫡流の兄の子に家督を譲る、第二はそれをたしかに実施するために子は作らない、第三は名を伝えるために『大日本史』を編纂する、である。この三点の決意は、儒教の応報の思想に導かれてなされた。

すなわち、庶子であった光圀が嫡流の兄頼重を超えて水戸藩第二代藩主になったことは、長幼の序の道徳規範を犯したことになる。そのために応報の思想、余殃《よおう》の論理がはたらいて水戸徳川家は不幸になる。最悪の場合、断絶する。それを避けるために家系を嫡流に戻し、それをたしかに実行するために子は作らないのだが、逆に子がいないのは本人の非道徳性のためだとの汚名を受ける結果になる。かくして汚名を解消するために本来、聖人が編纂すべき紀伝体の書を編纂して、美名を伝えようとしたのである。(2)

光圀が一八歳のときに名を伝えるために『大日本史』編纂を決意したことは、元禄八年（一六九五）に遣迎院応空に宛てた次の書簡によって確認できる。(3)なお文中の「史記」が『大日本史』にあたる。光圀の時代には書名は決まっておらず、光圀はこう呼んでいた。『大日本史』の書名は、正徳五年（一七一五）に三代藩主綱條《つなえだ》が命名したものである。

然《しから》は面晤《めんご》の通、下官十八歳の時分より少々書物を読聞申候。其《その》時分より存寄候は、本朝六部の国史古来有レ之候へ共、皆々編集の体にて史記の体に書申候書無レ之候故、上古より近代迄の事を本紀列伝に仕、史記の体に編集申度存立、四十年以来方々才覚仕候。（中略）下官史記編集の事、第一上古より近来迄の事を記録仕候て、後世の重宝にも可二罷成一哉と存、次には下官事武家に成長仕候得共、太平の時節に候故、何にても武名を立申事無レ之候。然は家業にて無レ之候へ共、書籍編集仕候はゝ、少は下官名も後世え伝り可レ申哉と存候て存立申事候。

光圀は名を伝えるために努力した人である。もちろん美名を。『大日本史』を編纂することで、光圀は歴史上の人物を道徳的に評価する立場に立った。光圀はそれに値する、道徳的に優れた人格であろうと努力したに違いない。また、『大日本史』以外にも多くの書籍を編纂して、朝廷などに献上・贈呈した。文化財の保存にも意を用い、光圀の印・花押・署名のついた文化財が今日でも数十点を数えるという。(4) 久昌寺《きゅうしょうじ》に二〇歳・三〇歳・五〇歳のときの自分の仮面を残したのも、そうした努力の一端とみなせる。もちろん、名を伝えるための努力は、文化面にかぎられたものではなかった。藩主としても、仁政を施して民百姓に慕われた名君との評価をえようと、努力した。

光圀の努力は成功したであろうか。私はそうは評価できない。詳しくは次節以下で述べるが、藩主として光圀は財政を破綻させ、農村を荒廃化させた。また将軍綱吉に批判的であったために疎外された。文化面においても、諸事業の核心は思想的問題が重要であるが、晩年の光圀は思想的に動揺をきたしている。それ故に私は光圀の西山荘における隠棲は、苦悶の生活であったのではないかと考えるが、今日でも一般にはそうはとらえられていない。

野口武彦は、光圀が腕の痛みと下血とを隠居の理由に述べている点を、光圀の隠居は当時から不審に思われたことから、「隠退の決定的な理由になるべきものではなかった」と指摘した。そして、道徳主義者の光圀が将軍綱吉と対立し疎外された点を重視して、「そのあまりに理想主義的な名分論が、幕閣の権力政治の現実の前に敗退を余儀なくされるのは必至であった」「政治の現実が「人倫の大義」を確証しないというのなら、歴史がそれに代ってあるべき人倫秩序を燦然と示さなくてはならない」「光圀最晩年の十年間は、幕閣の儀礼に倦み、政争に疲れたこの人物が、『大日本史』の完成を生涯の総決算として待ちつづけた歳月であった」と論じ、西山隠棲を「悠々自適の日々がはじまるのである」ととらえた(5)。

瀬谷義彦は隠居の理由とされた健康問題に関して、「健康上の理由だけで引退したのでない」と論じ、真相は「将軍から疎々《うとうと》しく扱われていることをいち早く察した光圀は、生類憐れみの令にはほどほどあきれかえって、自分からぱっと辞表を出した」と、推測した。帰国した光圀は、『大日本史』の促進と、文化財の保護の二つは、前々から心に期していた重要課題」であったので、それに取り組んだ。しかし、『大日本史』の編纂は捗《はかど》らなかった。そのために、「いかにも悠々としているかに見える光圀にも、『大日本史』に関しては、相当の焦りがあった」と論じた。悠々自適の生活を送っていた光圀にも、『大日本史』の遅れには悩まされたと指摘しているのである。その一方、光圀には「いくつかの謎を秘めた事件に象徴されるように、暗雲に包まれた部分もある」と指摘し、また財政破綻の問題を指摘しても、それらは「学問文化の面で大胆な政策を進め、民政の面でも大きな実績の認められる光圀の時代に、すでに暗転への責任があったとすれば、それは文化重視の為政者が常に負わねばならぬ、共通の悩みかも知れない」と解消されてしまうのである(6)。

鈴木暎一は隠居の理由は、「光圀にとって、綱吉との「疎々し」い関係は、辞任への一つの判断材料になったとしても、自身の健康に自信がもてなくなっていたうえに、綱條の年齢を考慮しての決断という方がはるかに大きな比重を占めていたように思われる」と論じて、綱吉との関係を軽視し、健康と相続の問題を重視した。そして西山荘での生活は、「山荘で詩歌と酒宴を楽しみながら、来客を送り迎えする一方、以後、藩内各地へ積極的に出向いては多くの人々と接する日々を過ごすのであって」と、悠々自適の暮らしを語る。一方、光圀は元禄九年（一六九六）一二月二三日にみずから落飾するが、これに関しては「このときの光圀は、重い決意を必要としたのか、仏に導かれるままおのずからにしてその心境に達したのか、それは分らないけれども、当日が夫人尋子の命日であったから、その日を機にしての落飾だったことは間違いない。いよいよ七十歳を前にして、名実ともに世外の人でありたいと願う心の昂《たか》まりがあったのであろう」と述べるのみで、儒教的道徳主義者であった光圀が落飾をするとは、思想的に重要な問題であるにもかかわらず、解明しようとはしない。また『大日本史』をはじめとする文化事業に成果をあげた反面、藩財政を破綻させた点に関しては、「こうした評価の二面性は、文化事業の遂行に自己を賭けようとした為政者の、共通に背負わねばならない宿命なのかもしれない」と、瀬谷と同様のことを述べてすませている(7)。

これまでの光圀の論者は、名を伝えることに努力した光圀にとって、そのマイナス面、将軍綱吉と対立した点、藩財政を破綻させた点、農村を荒廃化させた点、落飾した点などのもつ意味を、正面から取り上げて論じようとはしないのである。それに反して、本稿において私は、光圀の藩政運営上の失政と思想的挫折とを略述し、次に対幕関係を分析して、光圀の西山隠棲が苦悶の日々であったことを明らかにしようと思う。

二　藩政の混乱

寛永一八年（一六四一）に実施された寛永検地以後、水戸藩は年貢増徴政策を取り続けた。寛文元年（一六六一）に相続した光圀は、この政策を継承した。しかし、限界に達していたといわねばならない。そこへ、寛文八年、延宝二年（一六七四）、三年、八年と飢饉が襲った。そのために農村は疲弊し、延宝八年以降は、連年飢饉時なみの年貢引高を計上するに至った。水戸藩は本格的に改革に取り組まなければならなくなった[8]。

それまで光圀が無策であったのではない。しかし、対策は不十分なものでしかなかった。光圀は仁政愛民の政策を強化した。天和三年（一六八三）七月二五日には藍瓶役《あいがめやく》などの諸浮役《うきやく》を全半免にした[9]。貞享三年（一六八六）三月には農商の貧困者に利息一割の低利の拝借金を支給した[10]。元禄二年（一六八九）には民間の利息も一割と定めた[11]。

それでも農村は復興しなかった。光圀は元禄二年（一六八九）と三年に検見を農民に任せるに至った。この施策は領民に好感をもって迎えられた。「御領内百姓の今に相続て渡世仕るハ」このおかげ[12]と感謝された。また「此事《この》侘領《たりょう》へ聞えて、今に我領主を恨む百姓等ハ、あはれ水戸様の百姓ならましかはと申出とそ[13]」と、仁政を施す名君の評価を近領にまで轟かせた。

光圀は元禄三年（一六九〇）に隠居した。光圀は藩主として最後の二年間に、みずからの失政のために荒廃した農村を復興させる大英断を下したのである。この時期、光圀は「民に凍餒《とうたい》あらば、いずくんぞ人牧《じんぼく》を用ゐん[14]」と語った。民を救うためには人牧＝役人を用いずに、みずからやると公言したのである。光圀は藩主であった。藩主は家臣を有効に活用して藩政を運営しなければならない。そのうえ、国許の藩政府とは突き詰めていえば、年貢を取るために置かれているのだから、光圀のこの発言と検見を農民に任せたことは、藩政府を否定したに等しいといわなければならない。

光圀の最大の仁政である農民に検見を任せた件は、元禄一四年（一七〇一）六月に編纂された光圀の藩選の正伝といえる「義公行実《ぎこうぎょうじつ》」にも、同年一二月に編纂された光圀の藩選の逸話集といえる『桃源遺事』にも記されていない。最初、どこに書かれたかといえば、光圀の侍医を勤め、光圀の死後に京都に帰った井上玄桐《げんとう》が翌年、安積澹泊《あさかたんぱく》に光圀の外伝を編纂する史料として送った[15]『玄桐筆記』に記されたのである。そして、享保八年（一七二三）の澹泊による改訂版「義公行実」にも記された[16]。

なぜ光圀の死亡の翌年の元禄一四年（一七〇一）に書かれた「義公行実」と『桃源遺事』に、光圀の最大の仁政といわれる検見を農民に任せた件は記されなかったのであろうか。その理由は、藩政府を否定するような光圀の手法を、家臣たちがあるまじき方法として、強く批判していたからに違いない。

実は仁政といわれる光圀の救民政策で、元禄版「義公行実」と『桃源遺事』に記されているのは、元禄三年（一六九〇）に障害者と身寄りのない貧困者に雑穀を支給したなどだけであって[17]（享保版「義公行実」は検見の件を加えた）、本稿に取り上げた諸施策は記されていないのである。

光圀の対策、低金利政策と大幅減免政策は、窮乏化した藩財政に負担を強いるものであった。そのうえ、当座はともかく、中長期的にみて、効果のほどは疑わしいものであった。困窮人は借金を返済できないのが現実であった。また一、二年、大幅減免したとしても、元に戻せばふたたび荒廃化が進行するだけである。

求められていることは藩財政を再建し、農村を復興させるための新しい制度の確立である。光圀の藩政末期の仁政愛民政策を、家臣は次のように批判したと伝えられる[18]。

時ニ執政藤井徳昭ナリ。当時ノ政事略《ほぼ》公意ヲ害シ私恩ヲウルニ似タリト云。

光圀の方策は自分の評価を高めるためのものであり、藩にとってはマイナスになっていると指摘しているのである。藤井は元禄七年（一六九四）に、光圀によって誅殺された人物である。そのために水戸藩では悪人とのみとらえられてきた[19]。それ故にこの発言は彼に託されているのであろうが、当時の家臣の公論であったとみなすべきである。

当時、藩政府は元禄改革に着手していた。その方針は、財政を考慮した長期的な施策であった。勧農に力を入れ本年貢を軽減して、代わって発展する農民的商品貨幣経済の成果を雑年貢で吸収

表1　光圀時代水戸藩重職人数

年代	家老	大老	老中	年代	家老	大老	老中
寛文元年	10	2	2	天和元年	5	3	4
2	8	2	5	2	4	3	5
3	8	2	5	3	4	3	4
4	9	2	4	貞享元年	3	1	4
5	8	2	4	2	4	1	4
6	8	2	4	3	4	1	4
7	8	2	4	4	4	1	5
8	9	1	5	元禄元年	3	0	5
9	9	0	4	2	4	0	6
10	9	0	4	3	4	0	6
11	9	0	4	4	3	0	4
12	9	1	4	5	4	0	3
延宝元年	8	1	4	6	4	0	3
2	8	1	4	7	3	3	0
3	7	1	4	8	3	2	0
4	7	1	4	9	3	2	2
5	7	1	4	10	3	2	3
6	7	1	4	11	3	2	2
7	7	3	4	12	4	2	2
8	6	3	4	13	4	2	2

『水府系纂』より作成。正月元日分。なお『水戸紀年』により藤井を補った。

しようとするものであった。具体的には伝えられてこなかったが、速効性を求めた光圀は藩政府と対立したのである。それを次に重臣の人事で確認しよう[20]。

表1は光圀時代の重臣、家老・大老・老中の年初の人数を示したものである。

水戸藩の家老は藩政府の指導・監督はするが、日常的に藩政の運営に携わることはなかった。主として幕府向きの仕事をしていたようである。一〇〇〇石以上の、光圀の襲封時にはほとんど三〇〇〇石以上の家臣が就任していた。家老の変遷をみると、最初一〇人いたが漸減して、天和以降は三、四人になってしまった。光圀はかならずしも処罰ではないが、家老級の大身を数多く絶家・減禄にした。家老の数を減少させたこととあわせて、そこに光圀は藩主絶対権を確立させようとした人物であったことが指摘できる。

藩政府は大老と老中で構成される。原則的に大老は八〇〇石以上、老中は五〇〇石以上の重臣が任命された。藩政府の中心は上席の大老である。ところで、表1をみると大老・老中の空席の時期があり、不自然である。寛文九年（一六六九）から同一一年と元禄元年（一六八八）から同六年までは大老が空席で、元禄七、八年は老中が空席である。

藩主絶対権を掌握する一方、藩政府と対立した光圀は、大老・老中を処罰・左遷・自然淘汰に処したのである。具体的に表2で大老をみてみよう。

襲封のはじめは前代以来の田代と白井が大老であった。田代は寛文七年（一六六七）一〇月に死亡し、翌八年に白井が城代になった。一見、この人事はなにも問題がないように思われるが、

表2　光圀時代大老

人名	前職	在職期間（年月日）	新職
田代吉音	大番頭老中	万治 3,6,25 ～寛文 7,10,11	死
白井伊信	大番頭老中	万治 3,6,25 ～寛文 8	城代
岡崎昌純	寄合頭老中	寛文 11,9,3 ～天和 3,8,10	蟄居
三木玄重	寄合頭老中	延宝 6,8,28 ～天和 1,1,15	致仕
武藤隆貞	寄合頭老中	延宝 6,8,28 ～天和 1,1,15	致仕
伊藤友次	寄合頭老中	天和 1,1,15 ～貞享 4,2,27	家老
穂坂武勝	寄合頭老中	天和 1,1,15 ～天和 3,9,9	自殺
伊藤友親	大番頭老中	元禄 6,6,16 ～元禄 14,3,18	致仕
肥田政大	大番頭老中	元禄 6,6,17 ～正徳 1,12,7	致仕
藤井徳昭	（大番頭）老中	元禄 6,(6,16) ～元禄 7,11,23	誅殺

『水府系纂』より作成。穂坂の前職にはほかに傅がある。武藤には准家老がある。なお『水戸紀年』により藤井を補った。カッコ内は推定。

この後、三年にわたって大老は空席になる。そのうえ、寛文八年は農村荒廃をもたらした最初の飢饉の年であった。したがって、この人事の裏には余程の事情が隠されているとみなされる。

寛文一一年（一六七一）九月には岡崎が大老に就任し、延宝六年（一六七八）八月には三木と武藤が大老に就任し、大老は三人になった。しかし、三木と武藤の在任期間は長くない。天和元年（一六八一）一月に揃って致仕し、代わって伊藤と穂坂が就任する。一緒に大老に就任した三木と武藤が、同じ日に致仕するのは不自然である。たしかにいえることは、さきに述べたように農村荒廃と財政難が本格化して、改革に取り組まなければならない時期だった点である。

天和三年（一六八三）八月には岡崎が蟄居に処された。理由は明らかでない。翌九月には穂坂が自殺した。穂坂の自殺は妻が他人の子を所生と偽って光圀に拝謁までさせたのだが、偽りが露見したためとされる。本当にそうなのであろうか。前月には岡崎が蟄居に処された。そのうえ、さきに述べたようにこの年七月は、帰国して農村の荒廃を目の当たりにした光圀が、諸浮役を全半免にしたときであった。

貞享四年（一六八七）二月には伊藤が家老に栄転した。ただし、『水府系纂』[21]には「家老トナル。政務ニ不レ預」と記されている。二〇〇〇石の門閥出身の彼は、格上げされて左遷させられたのである。その後六年間、大老は空席になる。元禄六年（一六九三）六月に伊藤友親と肥田と藤井が老中から大老に就任したが、この後二年間、老中が空席となった。そして、翌七年一一月には藤井が誅殺された。

藤井の問題は特殊なので別稿[22]に譲るが、光圀の藩主時代の大老は、田代を除いてみな不自然な罷免である。そして、空席である。この問題は、農村復興と財政難を解決するための改革と切り離しては考えられない。光圀は藩政府と対立し、否定した。光圀の満足のいく成果をあげない、方策を示せない藩政府の責任者として、大老たちは処罰・左遷させられた、といえよう。

光圀は名君といわれる。しかし、彼の治績の実態は農村を荒廃させ、藩財政を破綻させた、ひどい現実であった。そのうえ、藩主絶対権を掌握した光圀は、家臣を十分使いこなして改革を推進するのではなく、自分の評価を高めるために藩政府と対立し、否定してしまった。光圀は、藩政の運営に失敗した藩主だったのである。

三　思想的挫折

光圀は思想的にも挫折した。若き日の光圀は強烈な儒教主義者であった。林鵞峯《がほう》は次のように伝える。[23]

凡《およ》そ今の武林の儒を称する者、皆、俗に違ふ能はず。公儀を憚るによるなり。ただ卓爾《たくじ》として専行する者は、水戸参議のみ。

光圀は思想として観念的に儒教を受容したのみでなく、幕府をも憚らずに行為のうえでも、儒教の様式を採用したと述べているのである。紀伝体の『大日本史』の編纂を決意した一八歳の立志は、この点を十分裏付ける。

ところで、儒教的歴史学は歴史を推進する要素として、天の応報と人の正名《せいめい》とを認める。『大日本史』において光圀は、歴史の全体的な進行は天の応報に委ねて、正統な皇統である持明院統に皇統が帰一し、武家政権が揺るぎなく確立された後小松で擱筆した。その一方、廃立や王朝交代を認める人の正名を否定した光圀は、個人道徳として君主に絶対的な忠誠を説く、南朝正統論を主張した。後醍醐は現職の天皇であったからである。[24]

『大日本史』において、光圀は三大特筆を提唱したとされるが、実は師の林羅山《らざん》の学説を継承したのである。林家は内部のみに留めたが、光圀は公然と主張したところに違いがあった。林家が遠慮した理由は、当時の皇室が認めていた皇系図に反するからである。ほかの二点とは神功《じんぐう》を皇后と認め、大友を天皇と認めたことである。

三大特筆に関しては彰考館の学者の間でも、かなり反対するものがいた。反対論に対して、光圀は次のように述べたと伝えられる。(25)

これ計《ばかり》は某《それがし》に許してよ、当時後世われを罪する事をしるといへども、大義のかかるところいかんともしがたしとて、他の議論を用ひたまはず。

光圀は論理的に説得できずに、自己の信条として押し通したというのである。しかし、大友を天皇と認める点に関しては、人見道設《どうせつ》が「天武紀考証」を、安積澹泊が「帝大友紀議」を書いて合理化している。『日本書紀』を編纂した舎人《とねり》親王が、父天武が反乱を起こした事実を隠したとの趣旨である。神功に関しては澹泊が、「神功皇后論」を書いて合理化している。『日本書紀』は「神功紀」を立てたが、歴代には数えていないとの趣旨である。これらの論文は光圀の生前に書かれた。光圀はこの二件に関しては、合理化に成功したといえる。だが、南朝正統論に関しては合理化した論文はない。南朝正統論こそ、光圀が信条として押し付けたものといえる。

なぜ光圀は、南朝正統論を合理化できなかったのであろうか。儒教の正統論は、なによりも道徳的血統的な正しさが求められる。道徳的血統的な正しさとは、長幼の序の道徳規範に従うことである。これに従えば、北朝持明院統初代の後深草は兄であり、南朝大覚寺統初代の亀山は弟であるから、持明院統が正統とされるのが当然なのである。光圀の一生を振り返っても、兄を超えて水戸藩第二代藩主になったことを憂えて、嫡流の兄の子に相続させることが「平生の志願[26]」であったのだから、光圀自身、南朝正統論に関しては整合した論理をもてなかった、と思われる。

光圀は林羅山の弟子であった。光圀は林家のなかで思想形成をした人である。したがって初期の儒臣は人見卜幽《ぼくゆう》・辻了的《りょうてき》をはじめ、林家の門下が多かった。しかるに寛文五年（一六六五）に朱舜水《しゅしゅんすい》を招いて、みずから師事すると同時に、優秀な藩士の子弟を付けて学ばせた。そのなかから澹泊《たんぱく》や今井弘斎《こうさい》が成長した。

寛文一〇年（一六七〇）には、仁斎学派の大串元善を採用した。仁斎学派の採用はこの後、青野叔元《しゅくげん》、大井松隣《しょうりん》と続いた。また延宝六年（一六七八）には、闇斎学派の鵜飼錬斎《れんさい》を採用した。闇斎学派の採用は、錬斎の弟の称斎《しょうさい》、栗山潜鋒《せんぽう》、三宅観瀾《かんらん》と続いた。

なぜ光圀は、多様な学派の学者を採用するようになったのであろうか。一つには学派のへだてなく、優秀な人材を求めた点があげられる。もう一点指摘できる。過去にとくに闇斎学派の採用を強調して南朝正統論の確立が説かれたが、たとえば元禄二年（一六八九）に北朝五主を後小松紀の首に帯書したように、光圀は南朝正統論を緩和しているから、このような議論は論外である。しかし、考え方の違う学派の学者を採用することによって、秘かに南朝正統論の合理化を期待していた、と考えることはできないであろうか。

光圀は南朝正統論を合理化できなかった。なぜ、できなかったのか。その理由は正名の思想・長幼の序といった儒教理論を克服できなかったからである。

光圀は武士であった。それも一節でみた応空宛書簡にみたように、光圀は強い自覚をもっていた。南朝正統論の説く、君主に絶対的な忠誠を尽くすとは、武士の思想である。儒教に忠実であろうとした光圀であったが、一方で武士であった光圀は、武士の思想の根幹ともいえる主君に対する絶対的忠誠の観念をもち、それを儒教で合理化できなかったのである。

光圀は思想的に厳格な人であった。その光圀が陥った思想的矛盾は、中国的な儒教思想と日本的な武士の思想との矛盾である。この問題は、後期に至るまで水戸学が抱えた和漢の折衷という難問であった。

光圀はほかの分野においても、中国的な思想と日本的な思想の矛盾に悩まされた、と展望できる。たとえば、光圀は延宝八年（一六八〇）に準勅撰となった『扶桑拾葉集』を編纂した。この書は、仮名が成立してから当時までの和文の名文集である。古代以来の日本文化に、中心的な地位を占めたのは和歌である。したがって、この書に収められた作品のほとんどが和歌に関係し、もしくは和歌を掲載している。その和歌とは、心を歌うものであり、最大の詠題は恋であった。これは明らかに儒教の修養の思想と矛盾する。また、日本文化は仏教の影響が大きかった。『扶桑拾葉集』は、仏教を保護し信仰する文章を数多く掲載しているのである[27]。

矛盾に陥り解決できなかった光圀は、儒教から離れていき、仏教に近づくようになった。「梅里先生の碑陰并に銘」には、「神儒を尊んで神儒を駁し、仏老を崇めて仏老を排す(28)」の一句が記された。光圀は、元彰考館総裁で当時小姓頭世子傅となっていた吉弘元常に、この文章の添削を依頼した。その依頼文には次のように、「儒仏之論」には手をつけるなと記した(29)。

　儒仏之論此《この》まゝ指置申度候。定《さだめ》而《て》足下ノ気ニハ入申間敷《まじく》と存候。後々ハ沙汰候而《て》不レ苦候。其内ハ成程音密《おんみつ》ニ致候間、親子兄弟へも深御慎候而《て》可レ給《たまうべく》候。

光圀の儒教離れは、人知れず秘かに進行したのである。もちろん、このときまで光圀は語ることもなかった。光圀はその後もその理由を明かさないが、儒教を信奉し、儒教理論に基づいて日本の歴史と文化を解明しようとした光圀が、矛盾に陥り解決できなかった結果である、といえよう。なお、儒仏の問題は八節で論じる。

四　綱吉批判

四代将軍家綱は延宝八年（一六八〇）五月八日に四〇歳で死亡した。子はなかった。この緊急事態に幕閣は、次の弟の綱重は延宝六年に死亡していたので、末弟の綱吉を家綱の死の前々日に継嗣と決定した。この決定は御三家とも相談して、とくに光圀の「決断」によって速決されたと、『桃源遺事』は次のように伝える(30)。

　大樹家綱公御不例もつての外の時分、御機嫌伺として御三家の御方御城に御詰遊され候所に、御老中を以急に御養君の御相談有レ之候処に、西山公の御決断にて早速相済、綱吉公御養君になられ候よし。

このとき将軍家は、はじめて直系が絶えた重大時であった。また綱吉が就職するとただちに下馬将軍と評された実力者酒井忠清が罷免されたことから、忠清が鎌倉幕府の先例にならって宮将軍を擁立しようとしたとの巷説が、当時から流布した。そこでは忠清に反対したのは光圀と、後に綱吉に抜擢された堀田正俊であるとされた。だが、この決定に関しては宮将軍説も含めて、御三家や光圀がいかに関わったかをたしかに示す史料はないようである(31)。しかし、私はこの決定に、光圀がかなり関与していたのではないかと考える。

綱吉の選定は、もっとも血統の近い人物だったから、異論なく決まったのではないか、と思われる。だが、当初の決定はこれだけではなかった。綱吉の一子徳松は、館林二五万石を相続したのである(32)。この決定は、綱重の子家宣が次期将軍になる可能性を残したものである。血統論からいえば、兄綱重のほうが正統である。ここに光圀の思想が反映している、と私には思われる。

ところが、綱吉は将軍になると、ただちに徳松を西丸に入れようとした。その内意を受けて光圀は、綱豊（後の将軍家宣）を養子にして相続させるべきだと批判したと、『桃源遺事』は次のように伝える(33)。

家綱公御他界遊され、綱吉公御家督御相続有て後、御嫡徳松君を御代続《およつぎ》に御定め可レ被レ成よし御三家の御方へ御内意ありける所に、西山公仰られ候は、前甲府殿（宰相綱重公）存生にて御坐候へは、厳有院殿（家綱公）御跡をは御相続有へき所に、逝去ゆへ当大樹公（綱吉公）御家督御相続なされ候。左候得は、今の甲府殿（綱豊公、綱重公の御子）を御養君に被レ成、御世続《およつぎ》に御定め、徳松殿をは又甲府殿（綱豊公）の御養君になされ候てしかるへく候。直に徳松殿を御世続に被レ成候義ハ、御尤《ごもっとも》とは不レ被レ申候と仰候へとも、その旨御用なされす、徳松殿を直に御世継《およつぎ》に御定め遊はし候。

この文章では、甲府殿の養子になる徳松は甲府家を継ぐのか、家宣の跡に将軍家を継ぐのか不明確である。光圀の意志は、私は前者だと思うが、それはともかくとして、徳松は延宝八年（一六八〇）一一月二七日に西丸に入った。(34) なぜ最初、徳松を継嗣としなかったのか明記した史料もないようであるが、綱吉は自分の意志を押し通したのである。綱吉は将軍になるとただちに忠清を罷免したのみでなく、賞罰厳明の天和の治を実施して、将軍専制政治を実現した。(35) 綱吉は厳しい性格の我意の強い人であった。かくして反対された綱吉は「不快」に思い、光圀を疎んじるようになり、以後、両者は食い違いばかりであったと、『桃源遺事』は右の引用文に続けて、次のように伝える。(36)

誠に綱吉公御家督の砌《みぎり》ハ、西山公へ殊の外御懇《おねんごろ》に御坐候ひしか、右の御口上を綱吉公御不快に思召候と相見え、その事となく、其《その》ころよりして西山公を御うとみそめ被レ成候よし。されはにや何はの事御一生のうちくいちかひたる事のミにて御過し被レ成候。

綱吉に疎んじられたために食い違いばかりであったとは、あまりに消極的である。光圀は思想的に厳格な人であった。しかも、それを実行する、少なくともしようとした人であった。筋のとおらない言動に対しては、はっきりと物申す人であった。

徳松は天和三年（一六八三）閏五月二八日に死亡した。五歳であった。この年、綱吉は三八歳であったが、その後、子供はできなかった。継嗣問題が浮上してくる。『桃源遺事』は貞享年間のこととして、次の話を伝える[37]。

> 貞享年中、御城にて御三家の御方御対坐の節、牧野備後守罷出被レ申けるハ、大樹公にも今以若君御出生不レ被レ遊候付、御養君の御相談を被レ遊候而《て》可レ然と奉レ存候由被レ申候処《ところ》に、西山公他の了簡をまたせられす被レ仰候は、其《その》段は上意に候哉と御問候へは、備後守上意にてハ無二御坐一候。私の了簡のよし被レ申候得は、御養子の事、おそからさる事に存候。未《いまだ》大樹公御年も若く御座候間、若君御出生なされましき事とも不レ存候。万一若君様御出生なく候て、御養子あそはさるへきと思めし候は丶、甲府宰相（綱豊《つなとよ》公）在レ之候。もし理を非に御まけ、甲府宰相いやと思召候は丶、尾州中将（綱誠《つななり》君）在レ之候。これをも理ヲ非に御まけ、尾州中将をいやと思めし候ハ丶、紀州中将（綱教《つなのり》君）在レ之候。是《これ》をも理を非に御まけ、紀州中将をいやと思召候ハ丶、不器量には候得共、世悴《せがれ》少将（綱條《つなえだ》君）これあり候。旁《かたがた》以《もって》御養子の事、遅からざる義と存候と仰られ候えは、備後守口をとちて、後はとかふ申されす候よし。

江戸城で御三家が揃っている所へ側用人の牧野成貞《なりさだ》が来て、将軍に男子の出生がないので養君の相談をしたいと発言した。この発言に光圀は二人の考えを聞くより先に、上意かと質したところ、牧野は上意ではなく、私見であると答えた。そこで光圀はまだ四〇前後の綱吉は若いので、若君の出生が期待できる。もし、出生しなくとも、甲府・尾張・紀伊・水戸の順に候補は揃っているから、養子を決めるには早すぎると答えたのである。

将軍継嗣問題を将軍の意向を無視して、まして専制君主であった綱吉の意向を無視して、側用人の牧野が御三家に相談するなどありえない話である。意向を受けていたと考えるべきである。したがって、この話もどこまで正確に伝えているか、信憑性が問われなければならないが、家宣が将軍継嗣に決定したのは、綱吉の死亡の四年前の宝永二年（一七〇五）であった。綱吉は徳松の死後、紀伊綱教に嫁した一女鶴姫に子が生まれたら後継者にする考えであったが、鶴姫は宝永元年に子を生むことなく死亡したので、家宣に決定したのであった(38)。

なぜ四〇前後の綱吉が出生をあきらめたのか不可解であるが、それはともかく、右の逸話は徳松の死後、自分の血統を受け継ぐ者に将軍職を譲りたい、その方法をはやく決めておきたいと願う綱吉と、正統論の立場からそれに批判的な光圀との見解の相違を、対照的に明示している。光圀は甲府宰相であった家宣が当然、継承者であると主張しているのである。続けて御三家を列挙するのにいちいち、「理を非に御まけ」と述べているのは、家宣を嫌う綱吉を意識しての表現とみなせる。この逸話は、将軍継嗣の選定法をめぐる両者の考え方の違いを、明白に伝えている。この批判は、綱吉がもっとも嫌悪するものであったに違いない。

綱吉の家族に関係して光圀が異を唱えた話としては、ほかに次の二つが伝わっている。

天和元年（一六八一）に鶴姫は五歳で紀州綱教と婚約した。早期の結婚を望んだ綱吉は、牧野成貞を通して御三家に、幼少なので綱教を二の丸に入れて結婚させたいと相談した。これに対して光圀は、鶴姫が紀州屋敷へ入っても御城と同然なので心配はない。それでも心配ならば、成人してからにすべきだと反対した。そして次のように述べたと、『桃源遺事』は伝えている。(39)

　綱教事御城へ入候て、姫君御成人後、御城を罷出、居屋敷へ帰候《そうらわん》半節のようす、いなものにて可レ有レ之候と仰られ候。

君主は道徳的に模範であらねばならない。武家の結婚は養子もありえるが、嫁入婚が原則である。それにもかかわらず、養子になったわけでもないのに綱教が妻の実家の江戸城に入り、妻が成人して紀州邸に戻ることの不自然さ、家族道徳に反する点を批判しているのである。(40)

貞享のころ、神田明神の祭礼の日に御三家が登城したところに老中がきて、綱吉の母の桂昌院と御台所が見物に行くために大手の前を通るので、帰りは脇道を通るように要請した。これに対して光圀は上意かと質すと、上意ではないと答えた。光圀はそれならば大名の登城は停止すべきだと発言するとともに、尾張綱誠に御三家が祭礼のために回り道をしたことはないと述べると、綱誠も同意した。これを受けて幕府の役人は、退出のさいに大手を通って帰れるように片道を明けた。しかし、光圀はその道は通らずに、わざと固く竹矢来を結んだところを打ち破って、浅草の屋敷に入ったのである。『桃源遺事』は、この話を次の言葉で終えている。(41)

御三家の御威光の衰申さす候儀、畢竟《ひっきょう》上の御為と思召候御心なり。

光圀は道徳的見地から綱吉を批判するのみでなく、将軍専制に走り、御三家をも軽んじるようになった綱吉の政治姿勢にも批判的であったのである。

光圀は厳格な人であった。道徳的のみでなく政治的にも権力者に媚びなかった。この点をもっともよく示すのが、稲葉正休《まさやす》による堀田正俊への江戸城中での刃傷事件である。

貞享元年（一六八四）八月二八日に、若年寄の稲葉は城中で大老の堀田を刺して重傷を負わせた。堀田は帰宅後、死亡した。この事件に現場に馳せつけた老中の大久保忠朝と阿部正武、そして京都所司代の戸田忠昌は、その場で稲葉を討ち取ってしまった。この処置に、「諸老臣かけよって、正休を其《その》座をたゝせず討果せしは卒忽《そこつ》の挙動なり。などをしとらへて、事の可否をば聴断せられざる」と、光圀は詰難したと『徳川実紀』は伝える。その日、綱吉は堀田家に御側大久保忠高を、死亡後は御側稲垣重定を派遣して見舞っている。一方、稲葉家の屋敷は永井直種《なおたね》に預けられた。翌日には綱吉は堀田家に香銀三百枚を賜わった。一方、稲葉家の親戚はことごとく遠慮を命じられた。(42) 稲葉家は断絶になった。

このとき、光圀は幕閣を詰問しただけではなかった。帰城のとき、光圀は連枝を引き連れて稲葉家を弔問に訪れたと、『桃源遺事』は次のように伝えている。(43)

御帰の時分、如何思召候哉、綱條公及び御連枝の御方をも御同道被レ成、直に石見守（稲葉の官職、注吉田、以下同じ）館へ御寄、内室へ御懇ニ悔《くやみ》を被二仰入一候處《ところ》ニ、近き親類衆の外は誰も訪ひ申さるゝ人無レ之候よし。筑前守（堀田の官職）ハ権威甚《はなはだ》しき故にや、見舞申さるゝ人、門前に市をなし候よし。

この光圀の行為は、明らかに綱吉と幕閣とに対する批判である。幕閣は事件を糾明しようともせずに、現場で稲葉を殺してしまった。綱吉は自分を将軍に擁立した最大の功労者で、その後、寵愛して重用した堀田には慰問して、殺した稲葉は処罰した。これは徳川幕府の統治の一大原則である平和の維持、そのための喧嘩両成敗の原則に反するからである。しかし、綱吉にとっては心好からぬ行為であったことは疑いない。

光圀は綱吉の初政から道徳的政治的に厳しく対立し批判した。その光圀にとって不幸なことに、将軍専制を確立した綱吉は堀田を失ったころから、迎合する側近政治を行い、奢侈に流れて空虚な道徳主義に陥った。元禄の悪政といわれる生類憐みの令の発令と強化である[44]。犬が中心であるが、あらゆる動物に及び、「人間と鳥獣を取り違えるに至[45]」ったと評されるほどの悪法であった。その結果を新井白石は、次のように伝えている[46]。

法を奉ずる人々、務めて苛察を以て相尚《とうと》び、一禽一獣の事のために、身極刑に陥り、族門誅に及び、その余、流竄《るざん》・放逐、人〳〵生を安くせず。其《その》父母・兄弟・妻子、流離散亡、凡《およ》ソ幾十万人といふ事をしらず。

生類憐みの令の本来の道徳的な趣旨は、「かの殺伐の風習を改めて、好生の御徳を遍《あまね》く示し給はん盛意[47]」にあったが、専権を掌握する偏執的な性格の綱吉と、それに逆らわずに迎合する側用人ら幕府役人のために、大悪法になってしまったのである。この天下の悪法に光圀は明白に対決した。

御三家の当主として徳川一門の重鎮であった光圀は、孤立した存在ではなかった。光圀は桑名藩主松平定重・小城《おぎ》藩主鍋島元武・明石藩主本多正明らの大名のほか、多くの旗本そして町人まで含めて千寿会を結成して、悪所《あくしょ》に通って遊んでいた。もちろん、光圀にとってこの会は遊び仲間である以上に、悪政である生類憐みの令を拡大していく綱吉に対して、批判勢力の結集という意味をもっていた。鍋島に宛てた書簡のなかから、この政策に意識的に逆らって狩をしたことを明記する部分を三ヶ所、例示しよう。

八月二七日付の書簡では、(48)「漸々鷹野時分ニ成申候。当年は殺生如何被レ成候哉。自二公義一仰出し無レ之候へ共、自二此方《このほうより》一延慮ニ而《て》、虫迄も殺申事領内禁制被二申付一も有レ之由ニ候。又、今迄之通、其まま殺生被レ致方も御座候」と、鷹狩の季節になったが、公儀を憚って虫まで殺生を禁じる大名もいる一方、従来どおり行っている大名もいると指摘して、「弥 以《いよいよもって》、下官仲間之者共ハ跡々通、殺生鷹狩等も可レ仕覚悟ニ御座候」と、光圀の仲間は鷹狩を実施すると宣言した。そして、追而書《おってがき》の最初には、「尚々又外《ほか》犬法度きひしく御座候」と記している。

一二月一日付の書簡では、(49)「下官事、忍々《しのびしのび》ニ在郷へ参、鳥ヲねらひ申候。公義へしれ申候ハハ鳥盗人之張本人、籠者之第一と笑敷《おかしく》存候」と、忍びで狩に行っているが、公儀に知れたら入牢間違いないと、嘲笑している。そして、「思召ままニ御殺生被レ成候半《そうらわん》と存候」と、鍋島も狩をしていだろうと確認している。

一八日付の書簡では、(50)「十二日ニハねりまと申所へ盗致ニ参候へハ、散々不仕合ニ而《て》、鼠ニ而《て》も取不レ申候。道のりハ片道四里往還八里、其外《そのほか》殺生心懸、あなたこなた歩行申候」と、練馬に狩にゆくのを「盗」と表現している。

生類憐みの令でとくに厳重に保護されたのは犬であった。このために犬は町なかを人を恐れずに横行するようになった。水戸藩邸にもそうした犬が現れた。光圀は命じて殺させ、その件を老中阿部正武に江戸城中で語ったと、『桃源遺事』は次のように伝えている。(51)

江戸にて御登城の時分、御三家御列坐の節、西山公阿部豊後守（御老中也）へ御対し、御物語被レ遊候ハ、上にて生類を御憐ミあそはさるゝハ、人を御あはれミの余りをもつて、生類までに御およほしの事と存候。しかしながら、過《あやまちある》有時ハ人すら御仕置に仰付られ候。いかにいはんや生類の咎《とが》あるをは御殺し被レ成ましくとや。尤《もっとも》（咎）とかなき者をは生類たりともみたりに殺し申ましき事に候。これに依て、手前の屋敷へいたつら犬参り、悪事をいたし候をは申付、殺させ候と御咄《おはなし》あそはされ候よし。

光圀は生類憐みの令の本来の趣旨、「人を御あはれミの余りをもつて、生類までに御およほしの事」を述べて、人も過ちあれば罰せられる、まして動物をと指摘して、水戸邸に侵入して悪事を働いた犬を殺させたと、老中の阿部に報告したのである。本来の趣旨との乖離、この光圀の指摘に老中阿部がどう答えたかは伝えられていない。しかし、将軍専制下、側近政治が行われて実権をもたなかった老中としては対応できない[52]、耳の痛い話であったに違いない。また綱吉の耳にこの話が入ったとしたら、本来の趣旨からいっても、まさか犬の一件で御三家を処罰するわけにもいかず、にがにがしい話であったに違いない。

光圀は将軍綱吉と対立した。しかも、貞享以降は生類憐みの令のために、日常的ともいえるほどに批判的な言動を取り続けるようになった。そのうえ、批判勢力を率いていたのである。光圀は当時、江戸の庶民の間でも人気を博した。その理由の一つは綱吉の悪政に批判的に行動したから、といえる。こうした光圀の存在は将軍綱吉にとって目の上の瘤《こぶ》であり、疎んじるのはもっともなことと思われる。しかし、我意の強い綱吉はそこにとどまらなかった。

五　隠退事情1、綱吉の警告

光圀は元禄三年（一六九〇）一〇月一四日に隠居したが、これは当時からいぶかられた。『土《ど》芥寇讎記《かいこうしゅうき》』は次のように記す[53]。

今度尾州・紀州両卿ニ先立テ御隠居之事、是《これ》又世人ノ不審スル所也。御思慮之程難《はかりがたし》レ計。

また、死後百年余たってからのものであるが、幕府の正史である『徳川実紀』は、次のように記している[54]。

抑此《そもそもこの》卿の隠退こそいぶかしけれ。いまだ衰老といふにもあらず。又これぞ多病とて、朝聘の礼を辞退ありし事もなきに、かくにはかに隠退の事は、いかさま故ある事なるべし。旧きもの、かたりしに、卿さばかり賢名令誉おはし、人望の帰する所、当時この右に出るものなし。しかれば上にもこと更《さら》優待せらるべきを、卿任職の間はいと疎々《うとうと》しくまし〱ければ、世のために忌憚せらるゝを明察ありて、辞免ありしなるべし。

続けて疎遠の原因となった徳松をめぐる継嗣問題を挙げ、「その後もしば〱直言を申されし」と指摘している。

二書をまとめると、賢名の誉れ高い、人望もある光圀が健康なのに年上の尾張光友や紀伊光貞よりも早く隠居したことをいぶかって、綱吉との疎遠を指摘しているのである。しかし、実紀のいうように光圀のほうから自発的に隠居したと理解するのは、あまりに単純である。光圀はなぜ元禄三年（一六九〇）に隠居したのであろうか。

光圀が隠居を決意した旨記す、もっとも早くたしかな史料は、元禄三年五月ころと推定される次の鍋島元武宛の書簡である。[55]

源兵衛方被二仰下一候御書之趣、忝《かたじけなく》存候。弥《いよいよ》御堅固ニ御座候由、珍重存候。此《この》辺替《かわる》事無二御座一候。先日ハ急ニ上使御座候而爰元《ここもと》うろたえ申候段、御察可レ被レ下候。其《その》品ハ近日其元《そこもと》ニ而《て》御沙汰可レ有レ之と存候。成程吉事ニ而《て》候。堀田宅へ御光駕之由、何之風精も有二御座一間敷《まじく》と存候。私参勤も近寄、押付得二貴意一可レ申と大慶ニ存候。下官事成程気色好御座候へ共、年寄候故やら諸事物六ケ敷《むつかしく》罷成、野辺へも罷出候半《そうらわん》と、今度まて致候へ而《て》も、何《なに》角《か》といたし相延、城外へもたま〳〵罷出申体ニ御座候。只うつら〳〵と乍《ながら》二慮外一ふセリ罷在候。尤《もっとも》右の腕も痛《いたみ》手振申候。此《この》分御座候ハヽ、参勤致候ても中々跡々のやうニ勤ハ成申間敷と存候。ケ様《かよう》之儀も折々御咄《おはなし》候て、好方へハ御物語被レ成被レ下候へかし。とかく老衰致候間、そろ〳〵公義ヲまひき候半と存候。恐惶謹言

七日　　光圀

復

鍋島氏足下

几右

尚々、むねん千万ニ候へ共、年と申くセもの故、御奉公も不二罷成一、扨《さて》々せひなき事ニ存候。何事も〳〵近々貴面にて可レ申候。

この書簡は年月が欠けているが、元禄三年（一六九〇）五月ころと推定できるのは、次の理由による。表3にみるように、光圀は藩主在任中一一回帰国したが、最後の就藩は元禄二年六月から翌三年六月にかけてであった。六月九日に江戸に帰着している。[56] この書簡は在国中で参勤が近いとあり、そのうえ「そろ〳〵公義ヲまひき」「御奉公も不二罷成一」と隠居の意向を伝えているからである。貞享以前の帰国時では不自然である。

この書簡は二点で注目される。第一は上使に「うろたえ」た点であり、第二は老化して体調不良となり、隠居を決意した点である。前者の考察から始めよう。

この書簡では光圀が上使に「うろたえ」た理由は、「急ニ」来たからと読めるが、普通、御三家の在国中に儀礼的な意味で派遣されたであろう上使が、なぜ「急ニ」派遣され、そして光圀が「うろたえ」たかである。ここには上使はなにを光圀に伝えたかは記されていない。たしかなことは、「うろたえ」るほど驚くべき内容であったことである。この時期に光圀にとって将軍からうろたえるような報せがあったとすれば、それは尾紀の昇進以外はありえない。元禄三年（一六九〇）五月四日に尾張光友と紀伊光貞は揃って権大納言に昇進したが、このとき光圀は昇進しなかったからである。

御三家の昇進は、遅くとも寛永三年（一六二六）の将軍上洛のとき、八月一九日に尾張義直と紀伊頼宣が権大納言に、水戸頼房が権中納言に同時に昇進して以来、同時か同じ条件下で昇進するのが慣例となっていた。表4に御三家二代の三人の寛永一七年以後の昇進を示した。それ以前は第一章「世子決定事情」で分析した。家光は光圀を水戸家の世子に指名し、拒否する頼房に圧力をかけるために、光圀に本来格

表3　光圀藩主時代帰国年月

就　藩	帰　府
寛文3年7月	寛文3年11月
寛文5年8月	寛文5年12月
寛文7年7月	寛文8年2月
寛文10年8月	寛文11年2月
延宝元年5月	延宝2年5月
延宝5年5月	延宝6年2月
延宝7年8月	延宝7年12月
天和元年10月	天和2年8月
天和2年10月	天和3年8月
貞享4年3月	貞享4年12月
元禄2年6月	元禄3年6月

『水戸市史』中巻㈠より作成。

表4　寛永17年3月29日以降御三家昇進等

人名	昇進と家督の年月日
尾張光友	寛永 17,3,29 参議兼中将。　同年 7,11 従三位。 慶安 3,6,28 家督。　承応 2,8,12 正三位権中納言。 元禄 3,5,4 権大納言。　同月 11 従二位。 同 6,4,25 隠居。　同 13,10,16 死（76）。
紀伊光貞	寛永 17,3,29 参議兼中将。　同年 7,11 従三位。 寛文 7,5,22 家督。　同 8,12,22 権中納言。　同 9,1,10 正三位。 元禄 3,5,4 権大納言。　同月 11 従二位。 同 11,4,22 隠居。　宝永 2,8,8 死（80）。
水戸光圀	寛永 17,3,29 中将。　同年 7,11 従三位。 寛文 1,8,19 家督。　同 2,12,21 参議。 元禄 3,10,14 隠居。　同月 15 権中納言。　同 13,12,6 死（73）。

『徳川諸家系譜』より作成。

上であるはずの光友と光貞より、高い官職を与えた。(57)表4で一つ確認できる点は、その調整がなされて、光圀は尾紀よりも格下の父頼房と同じ従三位権中納言で終わっていることである。

この点を除くならば、三人は同じ日か同じ条件下で昇進した。すなわち、寛永一七年（一六四〇）三月二九日に尾紀は参議兼中将に、光圀は中将に昇進した。同年七月一一日には、三人とも従三位に昇進した。そして、三人とも襲封して一～三年で、尾紀は正三位権中納言(58)に、光圀は参議に昇進した。ところが、元禄三年（一六九〇）五月四日の尾紀の権大納言へ、同月一一日の従二位への昇進にあたって、光圀は疎外されたのである。

光圀は官位を尊重した人である。光圀にとって官位とは、先祖と自身の道徳性の成果であった[59]。光圀が人から尊敬されるのも官位のおかげだと、つねづね次のように語ったと『義公遺事』は伝えている[60]。

常々被レ仰曰、御自身ノ人ニ御尊マレ被レ遊モ官位也。官位ハ尊キ者ニ候ハヽ、又其上《そのうえ》ノ高官ノ御方ヲ礼式ノ通リニ御貴ヒ被レ遊間敷《まじき》道理無レ之候。禄重トテ、時ノ勢ニヨリ、自身ニ尊大ニカマエ申候ハ、少モ手柄ニテハ無レ之候。皆後ノソシリヲ招也。記録ノ面、後世まで《（朱書）》差《（羞カ）》を残ス事也と被レ仰。

光圀が御三家の昇進に自分がはずされると知ったのはいつか、どのようにしてかを明記した史料は今日まで発見されていない。しかし、右に引用した上使に「うろたえ」たとは、この件と無縁ではありえない。昇進を阻止されたということは、事実上、官位任免の権を握る将軍綱吉の強い意志の反映と認められるからである。それは光圀に対する強い警告である。

綱吉はどのような理由で、光圀に警告を発したのであろうか。この点に関しても明記した史料はない。一ついえることは光圀が狩をし、犬を殺したことが少なくとも表立った理由ではないことである。それは生類憐みの令の本来の趣旨に背くからである。たとえば、『徳川実紀』において綱吉の賞罰厳明を解説したなかで、狩や犬の問題を理由として除封となった事例はない[61]。

ところで、将軍綱吉の治政の根本法典である天和三年（一六八三）の武家諸法度には、次の一項がある[62]。

知行所務清廉沙二汰之一、国郡不レ可レ令二衰弊一。

この条項に光圀は抵触するのである。光圀は清廉、心清く私欲のない政治を行ったと表面的にはいえるであろう。しかし、その内実は二節に論じたように、藩主独裁権を掌握した光圀は自分の評価を高めるために、藩政府と対立し、否定してしまった。そのために大老などの重臣をつぎつぎと処罰した。表1をみてわかるように、この当時は大老が空席であった。それというのも、長年の重税のために農村が荒廃したからである。定府であるはずの光圀が元禄二年（一六八九）六月から一年も水戸に在国した理由は、この問題に対処して陣頭指揮するためであった、といえる。

光圀は大名として家臣を有効に活用して、治績をあげた人ではない。およそ伝えられるような名君ではなく、農村を荒廃させて財政難を招き、藩政を混乱させた大名であった。元禄二年三年はその極点に達した時期である。その打開を求めて、農民に検見を任すという支配の根幹を揺るがすような方策をも実施したのである。

綱吉は賞罰厳明の政治を続けた。改易・減封に処された大名は四六家、一六一万石、一年平均一・六家であった。一年平均の数値でみると前後の将軍のほぼ倍である。その内実は、「その個人的性格や気まぐれによるというのが通説である。しかしそういう専制君主の恣意」と評されるものであった。(63)

『徳川実紀』が綱吉の賞罰厳明政策のために改易されたと列挙する大名のうち、光圀が処罰の対象になりかねない、家中不取締と領内悪政の理由で改易された大名は、表5のとおり九家に及

表5　家中不取締・領内悪政で収公された大名

元号・年月	城地	石高	氏名	理由
天和元年6月	越後高田	25万	松平光長	国家を鎮撫するあたわず。
天和元年12月	上野沼田	3万	真田信利	平日身の行い正しからず。国民を虐使する。
天和2年2月	播磨明石	6万	本多政利	所領治むるさまよからず。
天和2年2月	遠江横須賀	5万	本多利長	所領治むるさまよからず。
貞享元年7月	武蔵岩附	1万	土方雄隆	家人を鎮撫すること能はず。
元禄2年8月		3万	鳥居忠利	家人の事により遠慮の間に死。生前の行状不良。
元禄5年7月	陸奥白河	15万	松平忠弘	家人騒乱し、国政よろしからず。
元禄8年3月	越前丸岡	4万余	本多重益	家人の治めざまよろしからず。
元禄11年7月	豊前中津	8万	小笠原長胤	身の行いよろしからず。家政も不良。

『徳川実紀』第六篇より作成。

ぶ。真相のほどはともかく、この処罰が「気まぐれ」や「恣意」で行われていたとしたら、少しでも身に覚えのある大名は戦々恐々として、処罰を恐れていたに違いない。

上使がなにを伝え、関連してなにをいったかはわからない。しかし、もし上使が右の問題に関して私的にであれ一言したとしたならば、御三家の昇進にあたり疎外された光圀は、どう感じたであろうか。

光圀が御三家の昇進に自分が疎外されると、いつ、どのようにして知ったかは正確には実証できない。しかし、私はこのときの上使によって伝えられたとみて間違いないと思う。そして、光圀は処罰を臭わせる綱吉の警告を理解したに違いない。処罰、それも家中不取締と領内衰弊を理由とした処罰は、名を伝えることに生涯を賭けた光圀にとって、もっとも忌避すべきことであった。そのうえ、それは相続問題にまで影響しかねない。光圀は綱吉の意向を推測したに違いない。あるいは鍋島宛の書簡から推し測るに、隠居の内意が密かに伝えられていたかもしれない。

六　隠退事情2、健康問題

光圀は鍋島元武に、年を取り気力が衰えて外出も思うようにできない点と、腕の痛みを隠居の理由に挙げていた。光圀の健康状態は、本当に悪化していたのであろうか。

六〇を過ぎた光圀は相応に年老いたようである。六二歳になった元禄元年（一六八八）＝貞享五年の元旦詩を光圀は次のように詠じた。(64) なお華甲《かこう》は六一歳の意味、羸《るい》は病の意味である。

　貞享戊辰元旦
蟻は磨き旋行すること華甲と一。
毀誉は遮ることなし馬牛の風。
かつて羸《るい》病に罹り、頭、白を添う。
暫く屠蘇を酌み、顔、紅を借る。
日に映る彩霞、眼翳《えい》を揩《ぬぐ》ふ。
春を報ずる黄鳥、癡聾《ちろう》を砭《いしばり》す。
姫魚女《おれわれなんじ》は旧時の我にあらず。
鏡に対しさらに驚く、何の處《ところ》の翁か。

六二歳になって、かつての病のために頭は白くなった。顔色も眼も耳も衰えた。鏡に映る自分は、老人そのものだとなげいているのである。この詩を額面どおり受け取る必要はないが、相応に老化したことを示しているのもたしかである。ただし、このときの光圀は表3にみるように、水戸から江戸に参勤した直後であり、「所労」の身であった。中院《なかのいん》前大納言に一月一六日に送った書簡には、「下官も去年致二在国一、霜月参勤仕候得共、其《それ》以後所労久々引込罷在候(65)」と、認められている。その反映で、このような嘆きとなったのではないだろうか。

もちろん、このころの光圀は健康であった。貞享四年（一六八七）か元禄二年（一六八九）の七月と推定される鍋島宛の書簡では、在国中の光圀が江戸での仲間との遊興に参加したい、水戸で「うつらうつらと」のんびりくらしていると、次のように認められている。(66)

冷風未レ到《いまだいたらず》残暑猶甚《なおはなはだしく》候へ共、足下御勤被レ成候哉承度存候。頃日《ひごろ》は勧進能御座候半《そうらわん》。足下ニも御見物被レ成候哉。下官モ其元《そこもと》ニ有合《ありあい》候ハヽ、忍《しのび》一見可レ仕物ヲと一入残念存候。其後何かと御無音打過、心外存候。珍キ御遊興も御座候哉。能見物之船次而《ついで》ニ金龍山辺御出被レ成候半と察存候。爰元《ここもと》無二何事一うつらうつらと日を暮申候。久々不レ能二貴面一、扨《さて》々御床敷《ゆかしく》存計《ばかり》ニ候。

しかし、光圀は持病をかかえていた。隠居した光圀は元禄三年(一六九〇)一一月四日に水戸に帰り、翌日の五日から三日間かけて二、三男を含めた家臣を城中に召して思いを演説したが、その冒頭に隠居の理由を次のように語ったと『桃源遺事』は伝えている。(67)

内々いつれも承候通、腕痛ミ武役をも勤かたく、其上《そのうえ》近年寒気の時分はおほえす下血漏候付、今程大樹公御清の御吟味あそはされ候節、自然殿中にて少成共不斗《ふと》漏候義有レ之におゐては、不調法のうえの不調法、自分には如何様ともおもひ候えとも、上への憚《はばかり》すへき様無レ之候。左候とて度々不参も気随《きずい》のやうに候間、此所《このところ》自分にも決しかたく存候段、より〳〵老中へ物語申候所に、速《すみやかに》上聞に達し、右の旨趣御聞届、此度隠居仰付られ、少将綱條に家督相違なく下され、重畳本望之儀難《ありがたく》レ有候。

光圀には腕の痛みと下血の持病があり、それが隠居の理由であると述べている。ここで問題にされるべきは、二つの持病のうち下血のほうが、より重要な理由として、「上への憚すへき様無レ之候。左候とて度々不参も気随のやうに候」と述べられているにもかかわらず、三年五月ころと推定される鍋島宛の書簡では、隠退の理由として腕の痛みがあげられて、下血はあげられていない点である。なぜであろうか。

ところで、享保版の「義公行実」では、右の部分を次のように漢文訳している。(68)

我頃歳臂痛《ひつう》を患ひ、又不時に瀉血《しやけつ》す。恐くは班列を汚衊《おべつ》することあらん。故に執政に就き、衷曲《ちゆうきよく》を披陳す。台命優恕《ゆうじよ》これを允《ゆる》す。

ところが元禄版の「義公行実」では、この部分が欠けている。なぜであろうか。「義公行実」は三代藩主綱條の次の命によって、光圀の「盛徳」を伝えるために編纂された。(69)

参議公（綱條の官職、注吉田）喪に居りて礼に遵《したが》ふ。哀慕極まりなし。臣等に命じて曰く、先君子の徳業、伝へざるべからず。その履歴を考へ、その盛徳を状し、行義を叙せと。

元禄版「義公行実」を執筆した当時の四人の彰考館総裁(70)は、光圀の「盛徳」を伝えるにはふさわしくないと考えた、と判断される。なぜであろうか。理由は二つ考えられる。第一に晩年の光圀が、持病をかかえた弱々しい主君であったという悪い印象を、与えたくなかったからである。第二は史実に基づいて直筆する彼らの眼からみて、事実とは認められなかったからである。いずれが正しいであろうか。

光圀は元禄七年（一六九四）に江戸に召された。理由は不明とされてきたが、光圀が江戸に滞在している間に、綱條が初入国しているから、人質として召されたのである。形式上の理由は別にして、御召の内意が伝えられたとき、光圀は老中阿部正武に次の書簡を元禄六年一二月七日に送り、登城を辞退した。長文であるが全文掲げよう(71)。

厳寒時節ニ候得共公方様益《ますます》御機嫌好被レ成候由、追々承恐悦至極ニ奉レ存候。然者《しからば》去六日家来藤井紋大夫迄御内意被二仰聞一候趣、逐一承知、先以忝《かたじけなく》存候。尤爰元《もっともここもと》ニ而《て》も江戸御左右度々承候へ共、為二冥加一其元《そこもと》御近々ニ而《て》奉レ伺度存候所ニ、此度《このたび》罷上、乍レ次《ついでながら》世忰《せがれ》進之御礼をも申上可レ然思召候間、以二使者一御仲間ゆへ其《その》段相窺、其《その》上御差図次第ニ可レ仕之由、身ニ余忝存候。御差図御座候ハヽ早速可二罷上一覚悟ニ而《て》御座候。是《これ》ハ兼而《かねて》御聞置被レ下候様ニと存、不レ顧二慮外一申進候。私事次第ニ年寄申候故、一両年耳鳴承違《うけたまわりちがい》申候事度々御座候。其上十四五年以来下血仕候跡ニは折々再発仕候。其《それ》以後ハ大方快《こころよく》罷成候処《ところ》ニ又《また》候《ぞろ》哉、従《より》二去年暮一度々指発、与《ふ》レ風《と》無レ覚下血仕候。此分ニ而《て》ハ中々人前可レ仕体ニ無二御座一候。自然罷登、登城抔《など》仕候様ニと之御事ニ而《て》御座候者《ば》、其段ハ幾重ニも各様迄御断申上度候。せめて一生之内今一度尊顔奉レ拝度、如何計《いかばかり》存候ニ、病とハ乍《なが》レ申《ら》、ケ様之煩仕、冥加ニも尽果申候哉と口惜存候。若《もし》小石川屋敷前御成も御座候節、門前ニ而《て》御通之御目見抔《など》被二仰付一候は別而《わけて》難レ有《ありがたく》可レ奉レ存候。右之段々少も偽ニ而《て》御座候ハヽ、蒙《こうむり》二日本国中大小神祇殊ニ氏神産神御罰一可レ申候。為二御心得一早速如レ此《かくのごとくに》御座候。恐々謹言

光圀は召しの内意をうけて「忝存」じた。これまで光圀は西山荘にあって「江戸御左右度々承

候」と、将軍近辺の情報をえていた。さらに将軍の側近く仕える阿部たちに「奉レ伺度」と、連絡をとりたいと思っていた。そこへ上府の内意である。そこでは綱條の昇進の御礼のために、登城することが認められていた。光圀は「身ニ余忝存候」と、深く感謝の意を表明し、指図次第、江戸に上る旨、伝えている。

しかし、光圀は登城を断った。理由は、一つは老化による耳鳴りを挙げている。そのために聞き違えることがたびたびあると述べている。だが、何といっても下血であった。下血の病状は一四、五年前から起きたが、日常的なものではなく、「折々再発」する程度であった。それも近年は快方になっていたのに、去年の暮から再発したと述べている。

下血を理由に登城を断った光圀は、「一生之内今一度尊顔奉レ拝度」と希望した。その方法として、御成で水戸家の小石川の上屋敷の前を通るときがあれば、門前で御目見したいと望んだのである。なお腕の痛みが理由として挙げられていない点は、留意しなければならない。

登城を断ったはずの光圀であったが、江戸では何度も登城して優遇されて満足した。水戸に帰るために江戸を出発した元禄八年（一六九五）一月一六日に、老中阿部正武と准老中柳沢吉保に宛てた書簡に、光圀は次のように認めた。これも長文であるが全文引用しよう[72]。

　公方様益《ますます》御機嫌能《よく》被レ為レ成二御座一、当年ハ殊ニ五十之御賀等御座候。幾万々年も御繁盛之御事と奉レ祝候。次ニ貴様ニも御堅固ニ御勤仕、末々長ク御陰をも御覧被レ成候半《そうらわん》と珍重存候。然《しから》ハ此度《このたび》在府中度々御前へ被二召出一、御講談恭聞《きょうぶん》、御能御仕舞拝見、結構成《なる》拝領物等被㆓仰付㆒、其上《そのうえ》首尾能《よく》御暇被㆓下置㆒、殊ニ御馬迄拝領、誠以身ニ余り難《ありがたき》㆑有仕合《しあわせ》難㆓申尽㆒奉㆑存候。私義隠居仕り、在所ニ罷在候以後ハ出府之願ヲ申上候も如何御座候半《そうらわん》哉と見合罷在候處《ところ》、去々年御老中御指図を以罷登り、御機嫌能《よく》被㆑為㆑成㆓御座㆒候尊顔をも奉㆑拝、本望至極無㆓此上㆒、忝《かたじけなき》仕合奉㆑存候。然上《しかるうえ》ハ此後とても折々出府之願申上候而《て》も不㆑苦儀哉と奉㆑存候。左候ハヽ格外之身、其上程《ほど》も近ク御座候間、一両月之逗留にても幾度も致㆓出府㆒、宰相屋敷へ罷在、為㆓冥加㆒近々と御機嫌をも奉㆑伺、御序《おついで》も御座候ハヽ御講談御能御仕舞恭聞拝見をも被㆓仰付㆒候ハヽ、如何《いか》計《ばかり》難㆑有可㆑奉㆑存候。此段偏《ひとえ》ニ頼入候間、不㆑依㆓何時㆒出府仕り、可㆑然《しかるべき》時節ハ宜様《よろしきよう》ニ御差図被㆑成被㆑下候様ニと願入存候。右御礼之段々私願之趣、御私宅迄致㆓伺公㆒、委細ニ申入度存候得とも無用之由ニ付、任㆓御指図㆒乍《ながら》㆑存指扣《さしひかえ》申候。今朝御当地発足仕候間、如㆑此《かくのごとく》ニ御座候。已上

たびたび登城した光圀は、機嫌よく綱吉に迎えられた。綱吉の講釈を拝聴し、能などの見物をし、結構な拝領物も頂戴した。この結果、光圀の出府の態度はガラリと変わった。以前は西山荘に隠棲して、「出府之願ヲ申上候も如何御座候半哉と見合罷在候」と、出府願を提出するのはいかがなものかと見合わせていたのが、綱吉の歓待を受けて「然上ハ此後とても折々出府之願申上候而も不㆑苦儀哉と奉㆑存候」と、ときどき出府願を提出して出府したいに変わったのである。その方法も「程も近ク」水戸は江戸に近いので、一、二ヶ月の短期の逗留で「幾度も致㆓出府㆒」と、頻繁に出府することを望んだ。そして、綱吉と会って講釈を拝聴したり、能見物などをした

いと希望したのである。ただし、光圀はこの願いの趣を委細に伝えるために、二人の私宅を訪問しようとしたが、「無用」と断られた。なぜ二人は「無用」と断ったのか。この点は次節で取り上げ、本節では健康問題に集中する。

元禄六年（一六九三）一二月の阿部宛の書簡は、下血の持病を理由に登城を断り、綱吉に会うとしても、小石川邸の前を通行するときに門前で御目見したいと、消極的であった。それが上府して綱吉に歓待された後の元禄八年一月の阿部柳沢宛の書簡では、持病には一切触れずに、以前は上府願を提出するのも遠慮したが、以後は頻繁に上府して綱吉に歓待されたいと認めていた。この間に健康問題が急に改善されたとは思えない。すなわち、問題は綱吉との関係にあったのであり、健康問題はそのための口実にしかすぎなかった、と断定できる。それは隠退のときも同様であったとみなせる。

隠退のときも口実にしかすぎなかったことは、持病が違っている点が傍証している。元禄三年（一六九〇）五月ころと推定される鍋島宛の書簡では、老化と腕の痛みであった。下血は理由として挙げられていなかった。それが同年一二月の家臣への演説では、腕の痛みと下血、とくに下血が主な理由であった。さらに六年一二月の阿部宛書簡では、耳鳴りと下血、とくに下血が主な理由であった。腕の痛みは言及されていない。なぜ理由とされる持病が一定しないのか、その理由はそれが口実であって、真の理由ではなかったから、とみて間違いないであろう。

光圀が隠退直後、いかに健康であったかも確認しておこう。元禄三年（一六九〇）一二月四日に水戸に帰った光圀は、一二月二六日に田中内《たなこうち》村（現日立市）の郷士大内直時の家に行き、翌年の一月一五日まで滞在した。この間、一月四日に母のために建立した久昌寺と水戸家の墓所である瑞龍山に参詣した。水戸に戻ってからも二月一三日から一六日と、四月一二日から一六日にかけて、太田村（現常陸太田市）の馬場御殿に滞在した。これは太田近くの久昌寺の西隣に建設中であった西山荘の工事を督責するためであったと思われる。そして、五月三日に西山荘に移った[73]。

元禄5年	行き先目的等
1月2日	瑞龍
1月5日	鷹狩
2月2日～7日	湊（3日願入寺、6日花蔵寺）
2月15日～18日	水戸
2月24日	沢山耕山寺
2月26日	太田杉浦宅
3月1日	旌野
3月3日～12日頃	水戸（5日小幡より帰御、9日吉田神人）
3月24日	額田浄鑑院
3月27日	太田浄瑠璃見物
4月1日	太田正林寺
4月3日	太田、庄屋宅で頼房落胤浅草清光寺と会う
4月5日	落合、川遊び
4月8日	太田
4月15日	太田、祭り見物
4月25日	増井正宗寺
4月30日～5月2日	太田（5月2日杉浦宅で遊ぶ）

表６　光圀西山隠棲後一年領内巡遊

元禄４年	行き先目的等
5月21日～25日頃	太田
6月18日	増井正宗寺
7月29日	瑞龍山参詣
8月21日	太田蓮華寺
閏8月1日～11日	天下野
閏8月20日	増井正宗寺
閏8月29日	白羽大聖院
9月4日～12日	磯原
9月16日～19日	水戸（17日、御宮参詣）
9月22日	瑞龍の旌野
10月1日	瑞龍
10月7日	額田
10月14日	太田蓮華寺
10月16日	久米
10月24日～11月2日	水戸（26日神崎寺、28日宗立寺、30日村松）
11月19日～12月7日	湊、潮来
12月14日	太田浄光寺
12月22日	太田

『日乗上人日記』より作成。

西山荘に移ってから光圀が領内各地をさかんに順村したことは、よく知られている。それは当初からであった。表６は、光圀が西山荘に隠棲してから一年間の領内巡遊をまとめたものである。久昌寺院代で、光圀がもっとも信頼した僧侶である日乗の日記から作成した。合計で三五回も外出している。延べ日数は一〇五日である。このほかに久昌寺への御成があるが、隣なので数えなかった。行き先は日帰りでの太田近辺が多いが、北は磯原（現北茨城市）から、水戸・湊《みなと》（現ひたちなか市)、さらに南は潮来《いたこ》にまで及んでいる。目的は九月一七日の御宮参詣や七月二九日と一〇月一日と一月二日の瑞龍参詣もあるが、ほとんどすべて遊びである。寺院に行くのも、八月二一日に父頼房の生母養珠院が建立した蓮華寺に、養珠院の忌日の参詣をしたほかは遊びである。西山荘に移り住んだ光圀は機会をみては外出し、領内を巡遊していたのである。この光圀の隠棲直後一年の行動をみて、誰も光圀が健康上、問題があったとは思わないであろう。もちろん、光圀はこうした生活を元禄一三年(一七〇〇)まで続けたのである。

光圀の隠居の理由は持病のためではない。指摘したように、綱吉との関係が重要である。

七 光圀の隠居は処罰

病気故の隠退は口実にしかすぎなかった。元禄二年(一六八九)から三年にかけて、光圀は荒廃化した領内農村を復興させるべく、陣頭指揮のために在国中であった。その方法は藩政府と対立し、否定するような性格のものであった。藩政府の中心であるはずの大老さえ空席であった。そんなときの元禄三年(一六九〇)五月ころに急に光圀の下に上使がきて、光圀は「うろたえ」た。江戸では五月に光圀を除いた御三家の二人、尾張光友と紀伊光貞が揃って従二位権大納言に昇進した。上使の用件は不明であるが、この件と切り離して考えることはできない。

道徳的・政治的に批判的な態度をとる光圀を、将軍綱吉は疎んじていた。この上使は光圀に対する綱吉の警告である。気まぐれで恣意的な賞罰厳明政策をとる専制君主綱吉が、賢名の誉れ高い光圀の藩主としての実態が、基本法典である武家諸法度に抵触する、家中も十分にまとめられない、領内農村を荒廃化させるものだと知ったならば、どのような処罰を下すであろうか。名を伝えることに一生を賭けた光圀は戦慄し、綱吉の意のほどを推し測ったに違いない。

六月九日に江戸に戻ってから一〇月一四日に隠居するまでの四ヶ月間に、どのような交渉が幕府と交わされたかは、具体的には不明である。ただ光圀は水戸に帰って家臣に演説したなかで、前節でみたように次のように語っていた(74)。

此所《このところ》自分にも決しかたく存候段、より〳〵老中へ物語申候所に、速《すみやかに》上聞に達し、右の旨趣御聞届、此度隠居仰付られ、少将綱條に家督相違なく下され、重畳本望之儀難《ありがたく》レ有候。

光圀は隠居すべきかどうか自分で決断できなかったので老中に相談したところ、速やかに上聞に達して、隠居の許可が下りた、と伝えている。ここで注目すべきは、老中が「速上聞に達し」て将軍に「聞届」けられた点である。慰留はなかったのである。普通、このような場合は、老中・将軍ともに一度は慰留するのではないだろうか。それにもかかわらず、待ってましたとばかりに速やかに老中は将軍に報告し、綱吉は当然のごとく許可した。それは綱吉の意向は光圀の隠居であった、と想起させる。

綱吉の意向が光圀の隠居であったとしたならば、幕閣から光圀に内示あるいは暗示はなかったのであろうか。百年後のものであるが、当時彰考館総裁であった立原翠軒は、光圀の漏れた逸話を蒐集した『西山遺聞』を編纂した。そのなかに阿部老中が隠居の内意を伝えたと記す「栗田嘉休見聞抄」を収録した(75)。

> 水戸宰相公へ或時《あるとき》阿部豊後守被㆑参、御老体の上最早御隠居被㆑遊可㆑然旨、上にも被㆓思召㆒候旨に申上候処《ところ》、夫《それ》は其《その》方承あやまりにて可㆑有㆑之候。水戸ハ黄門官極官にて有㆑之候。不㆑及㆑夫《それに》して隠居の沙汰不㆓存寄㆒候。能《よく》了簡可㆑有㆑之也と御意被㆑成候得は、無㆓是非㆒其段可㆑達㆓上聞㆒由にて、御退出有而《て》無㆑程中納言に御任官之由。

ただし、この話は続けて、「按するに、此《この》文にてハ御隠居前に中納言になり給ひしやうに見ゆれとも誤なり」と翠軒が注記したように、信憑性に欠けるものである。しかし、元となった話は真偽のほどは別として、あったに違いない。その場合、隠居の内意の話と、光圀が中納言を望んでいたとの、二つの話であったであろう。

中納言への昇進は右の話と違って、光圀は辞退したと家臣への演説で語った。『桃源遺事』は、右の隠居が許可された話に続けて、次のように記す(76)。

> 誠に存懸《ぞんじかけ》も無㆑之中納言に転任、縦《たとえ》当職にてさへ納言まて給候事ハ余り冥加恐敷《おそろしき》うへに、隠居の以後、弥以《いよいよもって》不相応に存、達而《たって》辞退申候得共、上意の上ハ早々御請可㆓申上㆒由、老中頻《しきり》に被㆑申候故、此《この》上ハともかくも各然るへきやうに仰上られ給り候様ニと申退出申候。
> 此趣何《いずれ》も先達而《せんだって》承り大慶に可㆑存候。

光圀は思いの外の中納言への昇進を辞退したが、老中に「上意の上ハ早々御請」するように促されて、仕方なく御請したように述べている。しかし、家臣に「大慶に可レ存候」と述べたように、光圀も喜んだのである。だが、この人事は光圀が「隠居の以後、弥以不相応」と述べたように、中納言は官職であるから現職の人が任官するのが当然である。隠居が任官するのは不自然である。この不自然な人事を綱吉が行った理由は、意向どおりに隠居した光圀への褒賞とみなせる。官位の高さを祖先から自分に至る道徳性の成果と考えていた光圀は、是非とも水戸家の極官である権中納言に就任したいと強く希望していた、と考えられるからである。(77) また、尾紀の権大納言就任と光圀の隠居とが関連していることを示している、といえよう。

光圀は綱吉の意向を受けて隠居した、と想定できる。それを傍証するものに、光圀は自由な隠居生活を保証されたのではなく、厳しい制限がつけられていた点が指摘できる。『桃源遺事』は、さらに続けて次のように記す。(78)

隠居以後ハ何方《いずかた》に居とても少将の養育を請《うけ》すしてハならぬ事に候処《ところ》に、別て御懇《おねんごろ》之上意にて水戸への御暇迄下され、御茶入・御鷹・御馬拝領、のこる所なき首尾にてか様に近き所にて養を受候得は、諸事互によく、誠になしみにいつれへも毎度対面すへきと一入満足申候。

ここで光圀は、家臣たちと親しく交わえる水戸で余生が過ごせることを、喜んでいるように読める。しかし、見落としてならない点が二つある。「少将の養育を請すしてハならぬ事」と、「上意にて水戸への御暇迄下され」た点である。

少将綱條の養育を受けるとは、どういうことであろうか。『桃源遺事』は家臣への演説を記した後、続けて次のように記す(79)。

西山公其後《そのご》御城下の御用屋鋪《やしき》に暫く御逗留なされ、夫《それ》より久慈郡太田郷の西山に御隠居をむすひ、御移なされ候。依レ之《これにより》御ミつから西山の隠士と御称し被レ遊候。御家作殊の外幽《ゆう》に、御召仕の男女 甚《はなはだ》すくなく、多くハ病身にて江戸の御奉公なり兼候もの共を御召仕被レ遊候。御隠居免《ごいんきょめん》御定不レ被レ成候。其《その》わけハ隠居めん少くハ少将を批判申へく候。多くハ自ラを批判可レ申候。左候得は多少につき如何に候間、員数を定めす、年々の入目過不及なるか可レ然ことと仰られ、員数の御定めは不レ被レ成候。

この文章は、西山荘での質素な生活に入ったことを述べているのであるが、それを保証・強制したものとして、隠居免を設けなかった点を指摘している。普通、大名が隠居すると、隠居後の安楽な暮らしを保証するために隠居免が設けられる。光圀にはそれがなかったのである。なぜなかったのであろうか。その理由として、多くても少なくても「批判」を受ける、をあげている。誰の批判であろうか。批判されては困る存在、幕府に違いない。そのために光圀の収入は「年々の入目過不及なるか可レ然」と、必要最低限に抑えられた。幕府の嫌疑を憚って、光圀には自由に使える資金が潤沢に与えられなかったのである。

「上意にて水戸への御暇迄下され」は、より単純に理解できる。光圀は水戸住居、より正確には水戸領内に居住することを強制されたのである。元禄三年（一六九〇）一一月二九日、水戸に下るために江戸を出発した日の朝、光圀は別れに臨んで綱條に一詩を贈った。そのなかに次の一

節がある。(80)

三十有年来、夙志忽《たちま》ち伸んとす。予去て又何《いずれ》の處《ところ》ぞ。再会の辰《とき》を知らず。

光圀はふたたび江戸の地を訪れることはないと、覚悟して水戸に下ったのである。『桃源遺事』は次の話を伝える。(81)

西山公御隠居後、西山へ御引込候ひてハ、つゐに江戸御登り被レ成度との御事ハ、仮初《かりそめ》の御物語にもあそはされす候。或人申候ハ、少御参府被レ成可レ然なと、申上候得は、西山公仰られ候は、隠居の身として、参府の伺ひ不相応の義也。自然《しぜん》めさせられ候ハヾ、参府もすへしと被レ仰候。然所《しかる》に、一年風《ふ》と御召ありて御隠居後一度江戸へ御出なされ候。

隠居後に光圀は、江戸に行きたいとは一度もいわなかった。ある人がすすめると、「隠居の身として、参府の伺ひ不相応の義也。自然めさせられ候ハヾ、参府もすへしと」答えたのである。ここに光圀が、参府願を提出できない境遇であったことが確認できる。元禄八年（一六九五）一月の阿部柳沢宛の書簡においても、「私義隠居仕り、在所ニ罷在候以後ハ出府之願ヲ申上候も如何御座候半哉と見合罷在候」と、出府願を提出するのは考えものと判断して、「見合」ていたと書いていた。召されて江戸に行って綱吉の歓待に遇って気をよくして、たびたび出府したいと願い、二人の私宅に行って「委細ニ申入度存候」と思ったが、「無用之由」と、断られてしまった。この書簡も、光圀は幕府から水戸住居を強制させられていたことを示唆しているのである。

金銭的にも居住地をも制限された光圀は、政治的にも容喙することを慎まなければならなかっ

た。『玄桐筆記』には次のように記されている。(82)

尤《もっとも》御隠居已後《いご》、政事をは御謝絶被レ遊しかとも、時々の御言葉に、苦かるましき義をハ詫《わび》言《ごと》するは、隠居老人の役也と被レ仰き。

この文章では光圀のほうから謝絶したとの印象を受けるが、現実的ではない。隠居が元気なうちは共治か後見の役を担うほうが、この時期としては自然である。そうできなかったのは、幕府を憚ったからに違いない。

水戸藩は藩主の交代にともない、この徹底をはかったようである。光圀は「詫言」の一つとして、寺院の改修や僧侶の昇任の口添えをした。その仲介役ともいえるのが日乗であった。日乗は光圀隠居直後の元禄四年（一六九一）二月二六日にこの種の件で、水戸で光圀に会った。そのとき寺社奉行の人見道設に、光圀の意志は絶対ではなく、綱條の意志が優先される旨、次のように申し渡された。(83)

已後《いご》〱も、中納言公の仰たりとも、中将公御きゝありて御言葉のそふ事ハ仰遣さるゝまゝ、こゝろおくべき也。

明らかに光圀の隠居は事実上の処罰であった。もちろん、光圀は処罰を自覚し、処罰の許される日を待ち望んだ。阿部と柳沢に宛てた書簡にも、その思いは感じられる。それ以上に、光圀はつねづね次のように語っていたと、『桃源遺事』は伝えている。(84)

西山公常々仰られ候は、昔顕基の中納言とかやの願ひ給ひし如く、我も配所の月、罪なくして眺まほしきと仰られ候。

寡聞の私は顗基中納言のこの故事を知らない。名前の誤記かとも思われるが、それはともかく、配所にいて罪なくして月を見ることができるとしたならば、それは許されたときか、無罪と認められたときである。光圀は西山荘にいる間、流人の身として、罪の許されるのを待ったのである。

八　苦悶の西山隠棲

光圀の隠居は明らかに処罰であった。それにしても気まぐれで恣意的な賞罰厳明政策を行った綱吉が、なぜ今日風に言えば依願退職という内々の軽い処罰ですませたのであろうか。その理由は、光圀は御三家の当主であったうえに、賢名の誉れ高く世間の人気もあったことと、治政に問題があったとしても御家騒動や百姓一揆というかたちで顕現化していなかったからであろう。綱吉としては、波風たてずに「疎々しい」光圀が目の前から消えてくれればよかったのである。

光圀は、「我か主君は天子也、今将軍ハ我か宗室也。（宗室とは親類頭也）[85]」と言った人であるが、武家政権の長である将軍を主君同様に尊重していたことは疑いない。綱吉に対してさえもそうであったことは、元禄六年（一六九三）の阿部宛書簡と同八年の阿部柳沢宛書簡の文言でも十分に読み取れる。それにもかかわらず、光圀は処罰された。処罰されたのは、それなりの落度があったからである。それが流布し後世に伝わっては、名を、美名を伝えることに生涯を賭けた光圀としては、もっとも憂うべきことであった。

光圀は許されることを願った。この願いは、それ故に流布する前にと、より強いものであったに違いない。しかし、許すのは綱吉である。光圀は受身であって、自分ではどうしようもない。かくして西山荘においては、苦悶の生活にならざるをえなかった。

光圀の満たされない不安な心情は、どこに現れているであろうか。それは、なによりも酒である。西山荘においても酒を好んだことは、次の『玄桐筆記』の一文が、もっともよく伝えている。(86)

> 御酒を好て被二召上一。御在江戸にてハ、諸大名・麾下衆・京家者とも毎日の御客に、天下の大戸に出合給ひて、恢量の御名を極め給へり。西山にてハ御老年の上なれハ、御壮年の時程ハ不レ被二召上一。殊ニ江戸にてハ、御客衆しゐ被レ申ニ付、痛飲をも被レ遊し、西山にてハ、御家来御領内僧衆なと御相手になりけれハ、しゐ申事も得仕らす。御心まゝにめし上られ候。されとも、普通の大戸とも皆沈酔、公ハ儼然《げんぜん》としておはセし也。山中御慰事とてもなし。御酒に托して御閑寂を消せられし也。但必夜に限りて被二召上一たり。雨中にはたま〳〵昼めし上られし事もあり。さなき時はいつとても御夜飲也。御座中者共皆昏沈正体なく、あすになりてハ、昨夜何を申せしも誰覚へたる者もなきに、いつとても公ハ始中終の事、少もわすれ給ふ事なし。(中略)まことに人ハ酒に飲れ、公ハ酒を飲給ひしといふものなるへし。

江戸にいたとき、光圀は四節にみたように千寿会を結成して、積極的に悪所へかよっていたが、この点には触れずに、ただ客を相手に毎日酒を飲み、大酒飲みの評判をえていたと伝えている。

西山荘では「御老年の上なれハ、御壮年の時程ハ不レ被二召上一」と、以前のようには飲まずに、家来や僧侶などを相手に、「御酒に托して御閑寂を消」するために、「必夜に限りて」「いつとても御夜飲也」とあるように、毎晩飲んでいた。その酒量は「御心まゝにめし上られ候」というが、「普通の大戸とも皆沈酔」「御座中者共皆昏沈正体なく」ともいっているから、相当の量を飲んだのである。

夜毎の酒宴であった。それも深更に及ぶまで続いた。たとえば、次に述べる日乗が諫言した日は、「予ハ夜更る迄御前にありて、子《ね》ノ下《げ》帰山(87)」と、日乗が久昌寺にかえったのは、午前一時ころであった。光圀は酒に酔って乱れることはなく、「儼然として」「少もわすれ」なかったと述べるが、隠居して夜毎の深夜に及ぶ大酒とは、およそ正常とはいえない。玄桐は「御酒に托して御閑寂を消」したと弁解したが、「閑寂を消」したというよりは、「憂さを晴らした」というべきだったのではないか。

光圀の酒の飲み方は異常で、江戸にいた綱條たち家族が心配するほどであった。ついに元禄六年（一六九三）二月六日に日乗は、次の諫言を敢行した(88)。

予申上ルハ、御機嫌めでたくわたらセ給へバ、さしての御事も侍らねど、供御《くご》を今少もめし上られバ、万方衆民奉悦べし。乍レ恐《おそれながら》くごをきこしめされ候やうにと奉レ願候由申上ルに、御機嫌にも不レ背、首尾よろしかりし。板垣氏此事《このこと》別て悦バれし。江戸にもこれのみ御気遣ある事なれバ、よくぞ申出たると申されし。

光圀は大酒を飲んで、ろくに食物はとらなかったのである。江戸の家族もこの点を「気遣」っていた。板垣氏とは板垣宗偆《そうたん》である。彼は学者であるが、医師でもあった。医師である宗偆が「別て悦バれ」たのは、光圀の食生活が健康上、問題であったことを意味する。

光圀の食生活が健康上、問題であったのは、もう一つ理由があった。この年九月二〇日に光圀は久昌寺で松茸狩をした。そのときは珍しくよく食べたと、日乗は次のように特記した(89)。

> 未《ひつじ》ノ上に御成、山へ出づるに、山にて松たけとらせ給ひて庵に入御、供奉《ぐぶ》三木、玄東、覚兵衛等、女中衆四五人。山にて松たけとらせて庵に来らる。御機嫌めでたくて、御料理遣スに御くご三どまで御かはりあり。此《これ》ほどに見奉らずと人々申されし。

光圀は三木之幹・井上玄桐・安積澹泊らと女中衆数名を引き連れて午後二時ころに久昌寺を訪れて、松茸狩をした後に食事をした。このとき御飯を三杯お代わりした。それを「此ほどに見奉らずと人々申されし」と特記したのである。なお、このときは明るかったので、まだ酒は出なかった。酒宴は「日暮」れて始まり、「夜更子《ね》ノ上ニ帰御」と、夜中の一二時過ぎまで続いた(90)。

昔の人の食事であるから、御飯を四杯も五杯もお代わりするのはごく普通である。それなのに光圀が三杯お代わりするのを、側近く仕える人々は見たことがなかった。光圀は食べる量も少なかったのである。光圀の食事が細くなっていたことは、侍医として仕えた井上玄桐も次のように伝えている(91)。

> 御隠居已前《いぜん》の事ハしらす、御隠居已後《いご》ハ朝夕御前香物ともに一汁三菜なり。天性精進を御《お》

嗜《たしなみ》にて、野菜類を進める時ハ御膳よく被㆓召上㆒、魚鳥の御膳にてハ必不㆑食也。脂こき鳥魚を被㆓召上㆒ハ、動《やや》もすれハ御胸に支《つかえ》て御苦悩被㆑遊たり。

光圀は菜食主義、御数の量は「香物ともに一汁三菜」であった。一汁三菜の量とは、延宝二年（一六七四）の飢饉のときに食事の量を減らした、「公ノ膳部朝夕一汁三四菜節句式日ニ二汁五菜タルヘシ[92]」の量なのである。

老いた光圀の食事は菜食主義で御数の量も減り、御飯もあまり食べなくなっていた。それにもかかわらず、夜毎の酒宴を繰り返し、そこでは酒ばかり飲んで、家族や周囲の人々を心配させたのである。

食が細くなったにもかかわらず、家族や周囲の人々が気遣うほど毎晩、酒ばかり飲んでいた光圀の生活態度は、明らかに異常である。光圀は満たされない不安な精神状態にあったので、酒で憂さを晴らしていた、といえよう。

処罰への不満、名を伝えることへの不安、それを止揚する方法はただ一つ、より高い道徳的評価をえることである。そのために立志以来の志願であった『大日本史』をはじめとする諸事業に、光圀はいっそう力をいれた。

『大日本史』編纂事業に関しては、隠居後もさかんに京都の公家などに働きかけて、史料の蒐集に努力した。一節にみた名を伝えるために一八歳のときから『大日本史』の編纂を志したと記した応空宛の書簡も、こうしたなかで公開を拒む三条西家への仲介を依頼するために書かれたも

のである。(93)

また光圀は「後世へも可レ伝物をは、御見聞次第、必修復被レ遊て御寄進被レ遊し也(94)」と伝えられるように、文化財の保存に努めた。隠居時代には四つの著名な保存・顕彰の事業を行っている。すなわち、元禄四年（一六九一）には那須国造碑の保存、同五年には日本最初の学問的な古墳の発掘である侍塚古墳の発掘、同年に『嗚呼忠臣楠子之墓』の建立、同七年には多賀城碑の保存である。後世に伝えるべく行った文化事業であるが、後世に伝えるとともに光圀の名も刻み込まれた点も見落としてはならない。

そして光圀は、少なくとも表面的には儒教的道徳主義者であることを強く打ち出した。元禄三年（一六九〇）一二月に家臣に行った演説の最後は、家臣の倅たちに生死の判断を過《あやま》たないように、そのために儒教を学べと、次のように締め括った。(95)

然とも此《この》所死へき所、彼《かの》所生へき所といふ事、決断しかきものなり（た脱）。一毛ちかひても大き成過《あやまち》になるものなり。これを決断さするものハ聖賢のをしへにあらすしては何を以てかせんや。然れは先若きものハ学問をつとめ、君臣父子夫婦兄弟朋友の五倫の道をわきまへ、篤実謹厚に相勤へきもの也。功名をたてんか為に治世に乱を思ふハ治平の姦賊也。

元禄五年（一六九二）には右に記したように、湊川に楠正成の忠誠を称えた石碑を建立した。元禄七年四月二六日(96)に江戸城に登ったときには、将軍綱吉から講釈を求められて、『大学』の冒頭の三綱領を、次のように説いた。(97)

御登城の節不レ計《はからず》大学の御講釈を御所望被レ遊候。西山公仰せられ候ハ、終《つい》に講釈と申義仕候事無レ之候。唯覚え候通りをは御物語申へしと被レ仰候て、三綱領の止二於至善一の所にて、周家長く天下を治め給ふ事、文王の止二於至善一給ふ故により候と詳《つまびらか》に被二仰述一候よし。

右は『桃源遺事』によった。元禄版・享保版の「義公行実」にも同様の記事がある[98]。光圀を語るうえで、もっとも重視されてきた逸話の一つである。私は長い間、元となった話はあるとしても、誇張された光圀神話の一つではないかと半信半疑であった。綱吉に対して、文王のような高い道徳性をもてと述べているといえるからであり、綱吉は徳が足りないと、暗に批判しているととらえられても、おかしくないからである。事実、この話が重視されてきたのは、光圀の批判精神の高さを示すものだったからであった。

　だが、この話は事実である。光圀に供して江戸に出ていた日乗は四月二六日の日記に、この件を次のように記載した[99]。

黄門公御登城、公方論語御講御拝聞、次ニ黄門公へ御所望ニ而《て》大学三カウ領御講尺ありしなり。御一家へありても今迄無レ之事、黄門公御学者ノ聞へある故也。別而《わけて》御講出来たる也。至善止ニアリト云所ニ而、文王ノ徳を仰られしと也。

　これを聞いた綱吉が、どう思ったかは伝わっていない。しかし、六節にみた阿部柳沢宛書簡によって、この後も光圀は江戸で歓待されたと判断できるから、綱吉は変わらない老人と、聞き流したのであろう。

また、光圀は隠居後、「封内に遊行し、孝子・節婦を賞賜し、書を読み字を識る者を奨諭す[100]」と、領民の道徳的教化に努力した。

『大日本史』編纂をはじめとする文化的諸事業も、儒教的道徳主義に基づいている。しかし、三節に説いたように光圀は、もはや儒教を全的には信頼できなくなっていた。主君への絶対忠誠を説いた南朝正統論は合理化できなかった。日本文化の中心である和歌は心を歌うものであり、修養の思想と矛盾していた。元禄四年（一六九一）の寿蔵碑「梅里先生の碑陰并に銘」にも、「月の夕、花の朝、酒を斟《く》み意に適《かな》へば、詩を吟じ情を放《ほしいまま》にす」と詠じていた。

その一方、光圀は仏教へ傾斜していった。三節にみたように、寿蔵碑に「神儒を尊んで神儒を駁し、仏老を崇めて仏老を排す」と記した。光圀は寺社整理をして仏教を弾圧した人と考えられやすいが、多すぎる小寺や破戒の僧侶を処分したのであって、由緒ある寺院は保護した。とくに母久昌院の信仰した日蓮宗を厚く保護したので、人々に光圀は日蓮宗を好むといわれたほどであった。しかし、それは母への孝心から久昌寺を厚く保護したのであると、享保版「義公行実」で安積澹泊は次のように反論している[101]。

久昌寺の談林、もっとも盛となす。本国寺日輝以下、僧徒来学するもの多し。故を以て世人みな謂《おも》へらく、公法華を好むと。その実は然らず。その至孝純篤を以て、一に先妣《せんぴ》の教に従ふ。以てその志を成すなり。

光圀の仏教に対する好意的な態度は、年をとるにつれ深まったと一般に説かれている[102]。ここで光圀の仏教観の変遷を詳細に論じる余裕はないが、光圀は元禄九年（一六九六）一二月二三日に、みずから落飾するに至るのである。日乗はその日の日記に次のように記録した。(103)

巳《み》ノ比《ころ》、昨日の御礼とて西山へまいるに、玄桐よく来れり、公今朝御くしおみちかふセさセ給ひて、御かざりをおろし給ふなどいへば、何となふむねふたがりて、物もおぼへざりしが、御前へめして御寿申上るに、セきかぬるなみだおちぬ。さすがに御いはひのほどなるにと思ひて、今となふとりまぎらはしける。はたとセがほど御前へいでゝ、御としわかく御かんむりのかゝりも、きのふ今日見しほどに、今更かゝる御さまの心にしミておぼへしも、われながらことはりなり。

難解な部分もある文章であるが、次の意味であろう。「一〇時ころ昨日の御礼に西山荘へ行くと、井上玄桐がよく来た、光圀公が今朝、髪を短くして落飾したといった。感動で胸がふさがれて何もいえなかった。御前に出て御祝を述べるにも、感涙が流れた。祝い事なので御題目を唱えて時間をつぶした。気がついて御前にまた行くと、光圀は若くみえた。冠の具合もよく、いつもみているのに、光圀の姿に我ながら感動するのも当然だ」

そして光圀は、「かたちより　せめているさの　法のみち　わけて尋む　みねの月かけ」の和歌を詠んだ。この和歌は『常山詠草補遺』に、「頭をおろしてそのよ口にまかす」の詞書を添えて掲載されている。(104)

光圀は、なぜ落飾したのであろうか。次第に仏教に傾いていった光圀が、妻の命日のこの日を契機に断行したのであろうが[105]、思想的な背景はなにかである。

元禄八年（一六九五）一月に水戸に帰るとき、光圀はこれからは頻繁に上府したいので、「私宅迄致二伺公一、委細ニ申入度存候」と阿部正武と柳沢吉保に申し入れたが、「無用」と断られた。その後も幕閣との関係は、好転しなかった。たとえば、日乗は身延山久遠寺三三世智寂院日省の紫衣授与の件を光圀に依頼していた。日省が西山荘を訪問したいと願っていると取り次ぐと、元禄一三年（一七〇〇）二月一九日に光圀は江戸に遠慮があると、次のように述べて断った[106]。なお、大地は大寺の意味である。

　御当地へ来月御出可レ有由の事ハ、必御無用と存也。しさいハ大地の貫主など度々御当地へ御出したしく仕候事、当時江戸の風俗にてハ遠慮多事也。さあれバ御為も不レ可レ然。手前も御遠慮ある由也。紫衣御頂戴ノ後御出可レ有レ之之由也。

同じ問題で同年五月四日に会ったときには、光圀はより明白に次のように述べた[107]。

　当時ハ出羽守（柳沢の前官職、注吉田）殿ニ前方より御親しく侍らず、其《その》外へも被二仰通一事も候ハず、御如在ニ思召にハあらねど、此方より被二仰入一事いかゞ敷《しき》由宜二申遣一由仰なり。

光圀が元禄七年（一六九四）の上府以前に、幕府との意思疎通が十分できていなかったことは、元禄六年一二月の阿部宛書簡に「爰元ニ而も江戸御左右度々承候へ共、為二冥加一其元御近々ニ而奉レ伺度存候所ニ」と記されたことから看取できる。それが帰国後はいっそう悪化し、「当時ハ出羽守殿ニ前方より御親しく侍らず、其外へも被二仰通一事も候ハず」と、幕府とのパイプが完全に遮断された状態にあったのである。その原因として、『大学』の講釈や藤井誅殺一件のために、幕府が態度を硬化させたことも一因として考えられるが、幕府との断絶状態は光圀の不安をいっそう掻き立てたに違いない。

この時期に光圀がいかに幕府から疎外されていたかを示すのが、嫡孫吉孚《よしざね》の結婚である。吉孚は元禄一一年（一六九八）六月一三日に将軍養女八重姫（実は尾張綱誠《つななり》の女）と結婚した。この結婚に翌一四日、すでに隠居していた尾張光友と紀伊光貞は、諸大名とともに祝賀の献上を行った。一八日には老中小笠原義重が使者として水戸邸に遣わされ、吉孚・八重姫・綱條・簾中《れんちゅう》、そして家臣にまで祝儀を賜った。この御礼に吉孚と綱條は即日登城して将軍と対顔した[108]。一方、西山荘にいた光圀は、一三日は夜に日乗を呼んで、日乗から「御祝詞」を受けて飲んだだけであった。翌日、光圀は水戸へ行ったが、水戸の光圀の下には上使仁木周防守が一八日に命じられ[109]、水戸に来たのは二二日であった[110]。上使は婚礼の祝儀が終わってから派遣され、光圀は嫡孫の婚礼にいっさい参与できなかったのである。

ところで、光圀はつねづね要するに儒教は仁、仏教は慈悲であると、次のように述べていたと『玄桐筆記』は伝えている[111]。

> 度々被レ仰けるは、仲尼《ちゅうじ》ハ一ケ仁字を説、釈迦一代蔵経ハ慈悲二字に不レ過。御政道にハ慈悲を専《もっぱら》と可レ被レ成事也。此《この》御言葉毎々被二仰出一けり。

儒教は仁、仏教は慈悲と述べて、「御政道にハ慈悲を専と可レ被レ成事」というのは、一つには領民がほとんどすべて仏教徒であったからであろうが、理論的には仏は広大無辺の慈悲の心で衆生を救済するからであろう。光圀は政治を行うには民百姓を救う立場に立たねばならないと、述べているのである。

それでは、なぜ仁ではないのか。仁とは愛であり、徳のなかの徳である。修養の結果えられる最高の仁は聖人のものであり、世界全体に安定をもたらす。しかし、「意に適へば」「情を放にす」と記した光圀は、修養を放棄しているのである。なぜ放棄したのか。光圀は語らないが、修養によって最高の仁を体得することは、不可能と悟ったからであろうか。

儒教に全的な信頼をおかなくなった、修養の思想を放棄した光圀であったが、心の不安は高まるばかりであった。そうしたなかで、かつては異端として排除した仏教であったが、親しむなかで教義の核心である救済の思想、広大無辺の仏の慈悲にすがりたい、救われたいと思うようになったのではないか、と私には思われる。

不安な心をもつ光圀は、救いを求めて仏教に惹かれていき、ついに落飾までした。しかし、光圀は仏教を信仰するようになったのではなかった。その一方、明確に一線を画していた。落飾の仕方をみても、自分でしたのであって、導師を介してではなかった。法号を授かったのでもない。その後も、真剣に信仰するという態度ではなかった。たとえば、日乗は元禄一二年（一六九九）八月二一日に、光圀は法問を酒の上でしかしないと、次のように嘆いている。(112)

今宵は御酒上る事も罪なれど、御機嫌よく法問など問はセ給ひて、当家の本意の唱題修行ノ事、法ヲ以テ本尊とし修行ノ本意とする事誠に深意也。法より一切ノ仏出給ふ事ぞかしなど仰ありし。

予ありがたく奉レ存也。此《この》御こゝろざし□し候はぬやうにと申て、仏三種身従方等生など申て、此経難持文此妙法□□など引也。

御酒なくてかゝる事あれバ弥《いよいよ》の事なれど、大方ハ酒ノ上ニ出たる事なれバ□□□□御さけ上たるハ少罪也。大事ノ宗義ハ根本ノ善なれバ可レ然か。

酒の上でしか法問をしないということは、酒の上のざれごととまでいわなくとも、しらふの正気のときには仏教を避けているのであり、およそまともな信仰態度であるとはいえない。むしろ、信者でないことを示している。

元禄一三年（一七〇〇）一二月六日の臨終は、これまた儒教的道徳主義者の相貌を顕《あらわ》にする。一〇月に入って光圀は危篤に陥った。一〇月一八日には綱條も水戸に到着した(113)。一二月一日に光圀は綱條と大老伊藤友親を召し、三人で「二時あまり御密談」した(114)。その内容は伝えられていないが、葬儀のことに及んだことは疑いない。

臨終が近づくと僧侶は疎外された。もっとも信頼された僧侶である日乗も一二月三日に「蓮花寺（日乗が兼帯していた太田の寺院、注吉田）ハと仰ありし」ために、呼ばれて会ったのが最後であった。「御さいごに題目すゝめ不レ奉事残念也」と、日乗は悔いている(115)。最後は「女中は曽《かつ》て御よせあそはされす候故、男計《ばかり》御看病」であった(116)。その理由は、「儒者ノ式ニ而《て》女人ヲ御あたりへよセぬ」であった(117)。

光圀の葬儀はもちろん儒礼をもって行われた。管見のかぎり明記したものを知らないが、遺言に従ったものといえる。なぜそう判断できるかというと、第一に右に指摘した光圀と綱條と友親の数時間にわたる密談である。また日乗は一二月六日に伊藤友親に葬式は儒礼で行っても、法事は久昌寺で行いたいと願ったが、返事はなかった(118)。

　さて御逝去ノ際ハ勿論儒ノ法ノミ取置かるべし。日比《ひごろ》ハ宗門ヲ別而《わけて》御尊敬ノ事なれバ、御仏事ハ久昌寺ニ而《て》御執行可レ有と奉レ存など申ければ、明かに返事ハなくて、

ここで日乗は「御逝去ノ際ハ勿論儒ノ法ノミ取置かるべし」と、葬式は儒礼で行われると前提している。光圀の意志であったからこそ、こういわなければならなかったと、判断される。続けて日乗は、「御仏事ハ久昌寺ニ而御執行可レ有」と、紛らわしい表現をした。「仏事」は仏教行事を意味するから、並行して久昌寺でも葬式をしたいと述べているようにも受け取れる。しかし、それでは「儒ノ法ノミ」と矛盾する。

　実は日乗は「仏事」を法事、すなわち葬式後に行う法要の意味で使ったのである。その後は「法事」の用語が使われている。日乗は訴えを起こそうとしたが、展望はもてずにその夜、次のように嘆息した(119)。

　今宵何角《なにかと》思案するに、むねにうちつかぬ事有、教、縁にも申合テ相談すれど、兎角御遺言なきにおいてハ、たとひ宗門ノ僧徒こぞつて願ヲ申共《もうすとも》叶がたし。又不二申上一共《とも》故殿遺誡なら

バ御法事可レ有と存也といづれも申ス。尤《もっとも》也。

久昌寺の法事に関して、なんらの遺言・遺誡のたぐいはなかったのである。また逆にこの文章からも儒礼で行われたのは、光圀の意志であったことが確認できる。

奔走の結果、日乗は一二月八日に四十九日の法事を久昌寺で行うとの綱條の内意をえるが[120]、葬式儀礼には一切関与できなかった。一二月一二日の埋葬のときも葬列に参加できず、「御葬、瑞竜へハ此度不レ叶故、道ニ而《て》御棺拝す[121]」と、道端で葬列を見送ったのである。

満たされない不安な心で隠棲生活を送っていた光圀は、仏教に傾斜していった。しかし、その最期にあたっては儒教的道徳主義者にふさわしく、儒礼を以て葬られた。高い道徳的評価をえるためには、その価値観、思想を揺るぎなく力強く信奉していたことを、明確に示さなければならなかったからに違いない。

(1)「梅里先生の碑陰幷に銘」『水戸義公全集』上、一九二～一九三頁、角川書店、一九七〇年。

(2) 拙著『水戸光圀の時代――水戸学の源流』(校倉書房、二〇〇〇年)第二章「立志と『大日本史』編纂目的」を参照。以下、立志と編纂目的に関しては、これを参照。

(3)「遺迎院応空宛光圀書簡」『水戸義公全集』下、九五頁。傍線吉田、以下、同じ。

(4) 瀬谷義彦『水戸の光圀』二六七頁、茨城新聞社、一九八五年。

(5) 野口武彦『徳川光圀』二三二～二四一頁、朝日新聞社、一九七六年。なお引用は順に、二三三・

二三八・二三八・二三八・二三八〜二三九・二四一頁。
(6) 瀬谷前掲書、第二部四。なお引用は順に、二一九・二一九・二三一・二五五・二六一・二六一頁。
(7) 鈴木暎一『徳川光圀』第六章と第七章、吉川弘文館、二〇〇六年。なお引用は順に、二〇七・二二〇〜二二一・二七二・二九〇頁。
(8) 本節の農村問題に関しては、前掲拙著第一章「治政と実像」を参照。
(9) 『勧農或問』『幽谷全集』二〇〇頁、吉田弥平、一九三五年。また『水戸紀年』『茨城県史料近世政治編I』四七四頁、茨城県、一九七〇年。
(10) 『水戸紀年』前掲書、四七六頁。
(11) 同右書、四七九頁。
(12)(13) 『玄桐筆記』『水戸義公伝記逸話集』三九頁、吉川弘文館、一九七八年。
(14) 「義公行実」『水戸義公伝記逸話集』六・一五頁。
(15) 『玄桐筆記』前掲書、六四頁。
(16) 享保版「義公行実」前掲書、一五頁。
(17) 元禄版「義公行実」前掲書、六頁。『桃源遺事』『水戸義公伝記逸話集』一一二頁。
(18) 『水戸紀年』前掲書、四七九頁。
(19) 藤井の誅殺一件に関しては、前掲拙著第三章「光圀と藩政――藤井紋太夫誅殺をめぐって」を参照。
(20) 光圀時代の人事に関しては、前掲拙著第三章第3節「藤井専権体制の背景」を参照。なお光圀が家臣の間で不評であったことは、俸禄の問題からも指摘できる。光圀の時代、財政難のために藩士が窮乏したことはすでに指摘されている（『水戸市史』中巻㈠、九三六～九四〇頁）。ところで、光圀は隠居して水戸に帰った翌日から三日間かけて思いを全家臣に演説した。この演説は、①病気のために隠居したこと、②綱條に家督が下され、中納言になって水戸に住むこと、③藩主在任中、家臣がよく仕えてくれたこと、の順で語り始めたが、元禄版の「義公行実」にはこの最初の部分がない。①が欠けた理由は六節で考察するが、③はなぜ削除されたのであろうか。③は『桃源遺事』（前掲書、一一三頁）では、次のように記されている。

扨《さて》我家督拝領して最早三十年に成候。其内家中の面々に何とそ哀憐いたしかたもこれあるへく存候へとも、次第に人多くなり、すへきやうもなく、剰《あまつさえ》近年に至り、何《いずれ》も困窮いたし候。然りといへとも一人として不足かましき儀も無レ之、奉公懇篤に相勤候段、わすれおかす候。

財政難のために家臣を困窮させたにもかかわらず、「一人として不足かましき儀も無レ之」、奉公に勤めてくれたことに謝意を表明したものである。このような発言をしたこと自体に、困窮化させた光圀が家臣の評判を気にしていたことが示されている。そして、光圀は困窮化させたにもかかわらず、「一人として不足かましき儀」をいわずに奉公に勤めた、と認めた。これは事実なのであろうか。はたまた名を伝えることに意を用いた光圀の演出なのであろうか。事実であったとしたならば、財政的な失政のために困窮化させたマイナス面以上に、家臣を心服させる徳があったことになる。そうだとしたならば、「義公行実」の編纂目的である「先君子の徳業、伝へざるべからず」（「義公行実」の編纂を命じた綱條の言葉。前掲書、九頁）にかなうから、是非とも記載すべき発言である。しかし、編纂にあたった当時の四人の彰考館総裁は削除した。それだけ家臣の反発は強かった、といえる。なお、②を削除する理由はないはずであるが、③に続けて綱條の家督の話になるのと、削除された①と③に挟まれているので、削除されたのであろう。

（21）『水府系纂』彰考館所蔵。茨城県立歴史館写真版。以下、水戸藩士の履歴に関しては、同書による。

（22）（19）と同じ。

（23）『国史館日録』寛文七年七月一五日の条、『本朝通鑑』第十六、国書刊行会、一九一九年。

（24）本節は前掲拙著第四章「『大日本史』編纂の歴史観――北朝正統論をめぐって」と第五章「南朝正統論の由来と意味」を参照。

（25）『年山紀聞』『日本随筆大成』第二期第十六巻、四一〇頁、吉川弘文館、一九七四年。

（26）「義公行実」前掲書、六・一五頁。なお『桃源遺事』では「本願」と表現している（同上書、一一三頁）。

（27）『扶桑拾葉集』に関しては、前掲拙著第六章「『扶桑拾葉集』にみる思想的展開」を参照。

（28）「梅里先生の碑陰幷に銘」前掲書、一九二頁。

（29）「吉弘元常宛光圀書簡」『水戸義公全集』下、二一五頁。

（30）『桃源遺事』前掲書、一五八頁。

（31）辻達也「幕政の新段階」『日本歴史近世3』三～五頁、岩波書店、一九六七年。また北島政元編『政治史Ⅱ』一六一〜一六三頁（辻氏執筆）、山川出版社、一九六五年。
（32）『徳川実紀』第五篇、三三七・三五五頁、吉川弘文館、一九九一年。
（33）『桃源遺事』前掲書、一五八〜一五九頁。カッコ内、原文細字注。以下同じ。
（34）『徳川実紀』第五篇、三八九頁。なお『徳川諸家系譜』第一では一〇月一五日とあり（同書、五二頁）、同書第二では一一月二六日とある（同書、一〇一頁）。
（35）辻達也『享保改革の研究』第二章「天和の治について」、創文社、一九七六年。なお（31）の同氏の論文も参照。
（36）『桃源遺事』前掲書、一五九頁。なお本文は続けて、「西山公御末期に至り、綱吉公俄に御懇にならせられ候。此段如何成御事の候ひて、今かやうに被レ遊候やと人ミな申あえり」とある。しかし、以下に論じるように、両者の関係が光圀の晩年に好転したとは認められない。したがって、この一文は事態を取り繕うための修辞とみなせる。
（37）『桃源遺事』前掲書、一五九〜一六〇頁。
（38）尾藤正英『日本歴史元禄時代』三二四頁、小学館、一九七五年。
（39）『桃源遺事』前掲書、一五九頁。
（40）『桃源遺事』は、光圀の実の祖母養珠院が紀州家の姫と光圀を結婚させようとしたが、光圀は「同姓不レ娶」の儒教道徳から拒否した話を伝えている（前掲書、一二五頁）。それ故にこの批判は、将軍家と紀州家とが正式に決定した婚姻に、表立って反対することが憚られたので、暗に同姓娶らずの道徳規範からの批判を含めているのかも知れない。
(41)『桃源遺事』前掲書、一六三頁。
(42)『徳川実紀』第五篇、五二〇〜五二二頁。なお引用は五二二頁。
(43)『桃源遺事』前掲書、一三八頁。
(44)元禄の悪政では、生類憐みの令とともに元禄八年の改鋳があげられるが、隠居後のためか、改鋳に関する批判を光圀は残していないようである。
(45)北島前掲書、一七五頁(辻氏執筆)。
(46)『折たく柴の記』『日本古典文学大系』95、二三九頁、岩波書店、一九六四年。
(47)『徳川実紀』第六篇、七五二頁。
(48)「鍋島元武宛光圀書簡」『水戸義公全集』下、一三八頁。
(49)同右書、一四〇頁。
(50)同右書、一四九頁。
(51)『桃源遺事』前掲書、一五二頁。
(52)綱吉の側近政治のために、「老中はただ員に備わる名目的存在となってしまい」(辻前掲書、五七頁)と評されるほど実権を失った。
(53)『土芥寇讎記』一二〇頁、新人物往来社、一九八五年。
(54)『徳川実紀』第六篇、八八頁。

(55)「鍋島元武宛光圀書簡」『水戸義公全集』下、一四四～一四五頁。

(56)『徳川実紀』第六篇、七六頁。

(57) 本書、第一章四節を参照。

(58) 尾張光友は承応二年八月一二日に正三位権中納言になったのに対して、紀伊光貞は寛文八年一二月二二日に権中納言になり、翌九年一月一〇日に正三位になっている。この違いは、本来、官位は別の日に昇進するのだが、系譜ではおうおう同日に記されることが多い。この精粗の差である。

(59) 前掲拙著第七章「徳川光圀の天皇観」を参照。

(60)『義公遺事』『水戸義公伝記逸話集』七七～七八頁。

(61)『徳川実紀』第六篇、七三二～七三三頁。

(62)『御触書寛保集成』九頁、岩波書店、一九五八年。

(63) 辻前掲書、四六～四七頁。

(64)『常山文集』『水戸義公全集』上、一一〇頁。

(65)「中院前大納言宛光圀書簡」『水戸義公全集』下、四〇〇頁。

(66)「鍋島元武宛光圀書簡」『水戸義公全集』下、一五四～一五五頁。なおこの書簡が貞享四年か元禄二年かの七月と推定できるのは、まず「冷風未レ到残暑猶甚候」と述べているから七月である。また光圀が「其元」と江戸を表現し、自分のいる所は「爰元」と表現しているところから、光圀は在国中であることがわかる。また光圀の江戸参府が近いようには述べられていない。一方、鍋島は延宝七年一八歳で襲封し、天和二年四月に初めて帰国した（『寛政重修諸家譜』第十三、二九四頁、続群書類従完成会、一九八四年）から、表3と照らし合わせて、貞享四年か元禄二年と推定できる。

(67)『桃源遺事』前掲書、一一三頁。

(68)享保版「義公行実」前掲書、一五頁。

(69)元禄版「義公行実」前掲書、九頁。ただし、本文の漢文は、「行義を叙せ」が「為レ叙二行義年（ママ）一」とある。享保版を参考にして「年」を削った（同上書、一九頁）。

(70)四人の総裁とは、安積澹泊・中村顧言・栗山潜鋒・酒泉竹軒である。

(71)「阿部正武宛光圀書簡」『水戸義公全集』下、三一～三二頁。

(72)「阿部正武柳沢吉保宛光圀書簡」同右書、三二頁。

(73)鈴木前掲書、二一二～二一四頁。

(74)（67）と同じ。

(75)『西山遺聞』『水戸義公伝記逸話集』二三九頁。

(76)（67）と同じ。

(77)光圀は中納言になったときに有名な「くらゐ山　のほるもくるし　老の身は　麓の里そ　すミよかりける」を歌った。この和歌は老人になって、身の程すぎた高位に就いたことへの哀感を歌ったものとして、光圀の謙虚な人格を表すものと評価されてきた。しかし、官位を重んじた光圀がこのような和歌を詠んだことは、例の評価を求める光圀の演出にほかならない、といえる。

(78)(67)と同じ。なお綱吉が光圀に餞別に鷹を送ったのは、皮肉であろうか。
(79)『桃源遺事』前掲書、一一四頁。
(80)『桃源遺事』前掲書、一一二頁。また『常山文集』『水戸義公全集』上、一六一頁。
(81)『桃源遺事』前掲書、一六八頁。
(82)『玄桐筆記』前掲書、三八頁。
(83)『日乗上人日記』二九頁、日乗上人日記刊行会、一九五四年。
(84)『桃源遺事』前掲書、一九一頁。
(85)『桃源遺事』前掲書、一二八頁。カッコ内、細字注。
(86)『玄桐筆記』前掲書、四八〜四九頁。
(87)(88)『日乗上人日記』二二四頁。
(89)(90)同右書、二八一頁。
(91)『玄桐筆記』前掲書、四六頁。
(92)『水戸紀年』前掲書、四六九頁。
(93)前掲拙著第二章「立志と『大日本史』編纂目的」第3節「立志の意味」を参照。
(94)『玄桐筆記』前掲書、五七頁。
(95)『桃源遺事』前掲書、一一四頁。
(96)『徳川実紀』第六篇、一九七頁。

(97)『桃源遺事』前掲書、一一六頁。
(98)「義公行実」前掲書、七・一六頁。
(99)『日乗上人日記』三三六頁。
(100)元禄版「義公行実」前掲書、六～七頁。なお享保版では同趣旨であるが、「巡行」(同上書、一六頁)となっている。
(101)享保版「義公行実」前掲書、一三頁。なお元禄版「義公行実」(前掲書、四頁)はより簡略に、『桃源遺事』(前掲書、一二九頁)はより詳細に久昌寺を建立し保護したのは、母のためであったことを記すが、「世人みな謂へらく、公法華を好む」に該当する一文はない。
(102)たとえば、鈴木前掲書、二七二頁。
(103)『日乗上人日記』五三六～五三七頁。
(104)『常山詠草補遺』『水戸義公全集』中、一八六頁。
(105)(102)と同じ。
(106)『日乗上人日記』七九〇頁。なお日省は以前、久昌寺談林化主であった。
(107)同右書、八〇七頁。
(108)『常憲院贈大相国公実紀』三三一頁、汲古書院、一九八二年。
(109)『徳川実紀』第六篇、三三二頁。
(110)『日乗上人日記』六五五～六五七頁。

(111)『玄桐筆記』前掲書、五四頁。
(112)『日乗上人日記』七四五頁。
(113)同右書、八三七頁。
(114)『桃源遺事』前掲書、一一八頁。
(115)『日乗上人日記』八四六・八四七頁。
(116)『桃源遺事』前掲書、一一八頁。
(117)『日乗上人日記』八四九頁。
(118)同右書、八四七〜八四八頁。
(119)同右書、八四八頁。
(120)同右書、八四九頁。なお日乗は翌一四年になって、光圀は日蓮宗を信仰していたと綱條たちに吹聴して、入信させようとしたために、藩政府と衝突する。ここで詳述する余裕はないが、その論拠は納得できるものではない。
(121)同右書、八五〇頁。

第四章　寺社整理と村落

一　研究史と問題点

徳川光圀の寺社整理は、寛文から元禄にまで長期に及んだのみでなく、「淫祠三千八十八を毀《こぼ》ち」「新建寺院九百九十七を毀つ」[1]と、徹底して実施されたために、近世宗教史また藩政史上に重要な意義をもつ事件であった。その解明は主として茨城県内の自治体史の編纂事業の展開のなかで進められてきた。その嚆矢となったのが、『水戸市史』の圭室文雄の業績である。[2]そこにおいて圭室は、寛文三年（一六六三）に領内農村から寺社の開基と由来を書き上げさせて作成した「開基帳」[3]に基き、水戸藩領内における仏教各派の展開と処分の実態を詳細に分析している。また、「開基帳」には一七五社しか載っていないのに対して、元禄の「鎮守帳」[4]には五五五社載っていることから、一村一社の制の確立を説いた。その成果は高く評価されなければならない。

しかし、そこに問題がなかったわけではない。問題の第一は全体構成にあった。『水戸市史』の宗教政策を論じた章は、第一節「宗教統制と切支丹」、第二節「寛文・元禄の社寺改革」、第三節「社寺の崇敬と宗派組織の成立」と三節に分かれていて、第一節が伊東多三郎の執筆、第二節と第三節が圭室の執筆であった。[5]そこでは本来宗教統制と不可分であったはずの寺社整理が、分離されて論じられている。とくに寛文一一年（一六七一）の幕令によって全国的に確立する宗門人別改制度との関連は、まったく論及されていない。第二に、神仏習合していて分離して論じられないはずの仏教と神道とを、分離して論じたことである。すなわち、寺院整理を寛文六年からとし、主として新建の小寺を処分したととらえている。一方、神社整理は元禄九年（一六九六）からとし、神仏習合を排して一村一社の制を確立させたととらえている。しかし、こうしたとらえ方は帳簿上はともかく、実際には非現実と思われる。そのうえ、この間の三〇年間は何をしていたのか疑問になる。それは第三の問題とつながる。一体圭室の業績は「開基帳」の分析が中心となっていて、在地の文書、調査にはほとんど立脚していない。そのため、その分析は宗教者のいる寺社レベルにとどまるのであって、それ以下の三〇八八破却されたと伝えられる小祠にはほとんど手つかずに終わっている。そのうえ、これだけ大規模な寺社整理をしたにもかかわらず、民衆はいかに対応したのか、いかなる抵抗を示したのかということに関しては、まったく取り上げられていないのである。

右のような問題点を含みつつも、圭室の業績はその一定の成果のたしかさから、以後この問題を扱う場合の規範となった。そして、そこに一定の前進が認められたこともたしかである。『勝田市史』(6)において小沢浩は、一村一社の制を問題に取り上げた。すなわち、鎮守とは中世後期以来の村落形成の動きのなかで、当時すでにほぼ定着していたと述べ、二つの重要な指摘をした。一つは「開基帳」の記載基準で、「神官が支配しているものに限られている（寺院支配のものが排除されている）」と指摘した。そして、「もともと鎮守社のないところに新たに創設したということではなく、旧来の鎮守社を藩側の要件を満たすものに改変した上で、改めて公認した」と論じた。そして第二に、それは鎮守社の神道的純化であるが、その反面は俗信の温床であり、村落秩序を乱す小祠の徹底的な取り潰しであったと論じ、具体例として宝永二年（一七〇五）の「中根村寺社改帳」を全文引用して紹介している。

この小沢の指摘は活かされた。たとえば、『常陸太田市史』(7)において寺門守男は、「開基帳」に鎮守の記されていなかった村の寺院の「開基帳」をみると、「寺院の支配下にあった神社免が神名、石高ともそのままか、あるいは石高に多少の変化があるだけで、元禄の「鎮守帳」に鎮守として記載されている」とし、各神社とも寛文三年（一六六三）の時点から鎮守としても実態をもっていたと論じている。また、『那珂町史』(8)において小松徳年は、元文四年（一七三九）の「飯田村跡方潰埒明寺社除改書上帳」によって、いかに小祠が容赦なく取り潰されたかを紹介している。

右のように一定の前進は認められるが、やはり全体としては、圭室の成果の上に論述しているとの感は拭い去れない。その最大の欠陥は、「開基帳」に大きく依拠し過ぎてしまって、農村の実態から分析をしないことにある。これに対して本稿では、茨城郡上伊勢畑村（現常陸大宮市）の事例によって、村落の側から光圀の寺社整理を分析してみよう。そこで核心となるのは宗教者のいる寺社ではなく、これまであまり注目されてこなかった小祠である。本稿は当時の村落における神仏習合の実態と農民の抵抗の姿を映し出すであろう。そして整理の結果、水戸藩の宗門人別改制度はどうなったかについても論及しよう。

二　寺社整理の方針

本論に入る前にもう少し圭室の成果を批判的に検討しながら、光圀の寺社整理の方針を確認しておこう。

寺社整理に先だって光圀は寛文三年（一六六三）に「開基帳」を作成した。そして、同五年一二月には寺社奉行を新設した。これだけの準備のうえに、寛文六年四月二五日に光圀は老中川澄幸隆に小寺の破却を命じた。その理由として、小寺が多いために檀家が分散し、由緒ある寺院の衰微の原因になっているうえに、小寺の僧は無知の愚僧ばかりで、風俗の禍となっていると述べている。そして、破却した寺の除地と檀家は残りの寺に与え、家財は僧に与えて退散か還俗にさせるように命じている。(9) そして、同日「諸宗非法式様子之覚」を下し、破却のより具体的条件を明示した。次のようである。(10) なお地は寺の、息災は祈禱の、滅罪は葬祭の意味である。

(1)一息災滅罪共不レ仕候出家之事、是《これ》ハ何を以家業と仕候哉、出家は滅罪之教化を乍レ致二本意一、か様之申分非二法意一候。無益之寺々故、寺御つぶし被レ成候事

(2)一禅宗浄土宗法華宗等、祈禱方計《ばかり》仕候事、宗門之背二法式一候間、寺御つぶし被レ成候事

(3)一惣而《そうじて》沙門として、息災方計《ばかり》仕候事、出家は示寂を本意と致候所ニ、息災方計《ばかり》仕候と申事、沙門之たてはニ相違《あいたがう》故、不レ入寺と思召、寺御つぶし被レ成候事

但、有来大地古跡之社僧滅罪不レ仕候段、尤《もっとも》之事

(4)一宗門御改之帳ニ、導師不役仕候出家判仕候事、吉利支丹御改ニつき、依《よって》其宗門証拠之判仕候所ニ、滅罪も不レ仕候僧徒等請判を仕候儀ハ、還而《かえって》御制禁之宗門ニ紛わしく不分明候。然ハ左様之小寺共不レ入物ニ思召、寺御つぶし被レ成候事

(5)一旦那一切無レ之寺ハ、不レ入物ニ候故、御つぶし被レ成候事

(6)一町屋敷ニ罷在候寺之分ハ、売人之可二罷在一候地に候間、御つぶし被レ成候。百姓地同断

(7)一兼帯之寺、自二古来一由緒有レ之ハ各別、小寺共かけ持ニ仕候ハ、私欲之至沙汰之限、且又なくても不レ苦寺故と思召、坊主ハ御追放被レ成、寺御つぶし被レ成候事

附、数年無住之寺院ハ、なくても不レ苦寺故と思召、御はき被レ成候事

右之外

(8)権現様御制法被二仰出一候元和已後之新地無二由緒一分ハ、悉《ことごとく》御はき可レ被レ成候事

(9)一惣而《そうじて》大社古跡幷一郷一社之鎮守ハ、急度致二崇敬一可二立置一レ之、其外《そのほか》無二由緒一小ほら等ハ無用ニ可レ仕事

この指令に関して、圭室は「七ヶ条を規定した」と述べて、次のように要約している。[11]

㈠息災（祈禱）・滅罪（葬祭）共に行わない寺、㈡禅宗・浄土宗・日蓮宗のうち祈禱を行っている寺、㈢祈禱ばかり行い葬祭を本意としない寺、㈣葬祭を行わず宗門帳に請判している寺、㈤檀那（檀家）が全くない寺、㈥年貢地・屋敷地に存立する寺、㈦掛け持ちの寺

右の要約はこまかい点はともかくとして、本則の分としては大旨了承できる。さらに要約すれば、破却の対象となる寺は、教化をしない寺と祈禱寺と檀家・住職のいない寺と町屋敷・年貢地にある寺になる。しかし、右の要約は一見しておかしいとわかる。なぜならば、附則を含めて九条あるにもかかわらず、本則の七条しか述べていないからである。実は附則の二条は分離されて後に述べられている。しかし、附則のもつ意味は重要である。第八条はこの指令が幕府の方針に基いていることを明示している。家康の禁制した宗派はもちろん、元和以来幕府は寺院の新建を規制してきたが、寛文三年（一六六三）八月には旗本への法度として、「新地寺社建立可レ令二停止レ之」と、明確に寺院の新建を法令化して禁止した(12)。光圀の寺社整理といっても、幕府法を無視して実施したのではなく、準拠して実施されたのである。また、第四条は圭室は指摘していないが、寺社整理が宗門改との関わりにおいて実施されたことを明示している。この条は、キリシタンでないことを証明するにふさわしい実力のある僧侶を求めている。いいかえれば、宗門改の強化、合理化を求めているのである。

第八条までは寺院を対象としているが、第九条は神社を対象としている。光圀は寺社、神仏を明確に分離してとらえたのである。そして、第九条は一村一社の制を定めている。そこで重要なことは、同時に「小ほら等ハ無用」と、小祠の破却を命じていることである。鎮守を崇敬する一方で、それ以外の小祠の存在を否定したのであった。それでは、そのために具体的にどのような方法がとられたのであろうか。圭室は神社整理の目的は、「村の鎮守社から仏教的な要素を追放して神社を純化すること」、すなわち神仏習合の否定にあったとし、その方法として次のように指摘する。[13]

㈠仏教的な神体を神道的なものに改める。㈡神社を管理する者を確定する。㈢八幡神社を整理する。㈣寛文以来の一村一社の制度を確定する。

右の四点のうち㈣は「諸宗非法式様子之覚」にあるが、㈠から㈢はない。寡聞の私はこの指令がいつ出されたのか知らない。おそらくこれらは、結果から導き出された方法なのである。もちろんある時点で決定されたはずであるが、それは曖昧なのである。しかし、それよりも重要なことは、「諸宗非法式様子之覚」の第九条が、鎮守の崇敬と対比しているのは、小祠の破却であったことである。小祠は俗信の温床であったからであろう。一村一社の制の基底には、なによりもそれ以外の小祠の否定があったのである。

寛文六年（一六六六）四月二五日の指令による整理の方針は、以上のようなものであった。しかし、それがすべてであったのではない。実施直後の伺に対する指令が残っていて、そこからさらに二つ指摘できる。[14]五月二日の指令では、「開基帳」に載らなかった寺社は破却の方針であった。また、八月二二日の指令では、「其《その》所へ之見合ニより破却候而《て》不レ苦寺ハ、破却可レ申候」と、破却の指令がなくとも「其所へ之見合」によって、破却してもよい寺は破却するように指令している。この「見合」とは何かであるが、その次の条に「小郷之分ハ其村毎ニ必一ケ寺ツヽ無レ之共」近村に寺があれば、その寺につけるよう指令している。すなわち、「見合」とは例外もあるが、

「村毎ニ必一ケ寺」が基準とされていたと解釈できる。すなわち、一村一寺を原則としていたのである。

光圀は幕府の宗教統制政策のうえに寺社整理を実施した。それは神仏分離の下、一村一社一寺を原則としていた。数多くあった寺院のうち、元和以後の新寺や祈禱寺などの小寺は破却の方針であった。また、神社は鎮守を崇敬することを奨励する一方、そのほかの小祠は徹底的に破却することが指令されていたのである。

三　寛文初年の上伊勢畑村の実態

上伊勢畑村は那珂川の中流、現在の栃木県境にある典型的な煙草栽培の山村であった。寛永一八年（一六四二）の検地帳(15)によれば、村高六四一石余（七五町余）のうち、八四パーセントは畑方で、名請人は七八軒である。

寛永の検地帳には三軒の寺院が記されている。永昌寺と、「是《これ》ハ阿弥陀屋敷新寺」と注記された久才（または休斎）と、「檜山にあり是《これ》新寺」と注記された常住院（または成就院）である。

これに対して、寛文三年（一六六三）の「開基帳」には四軒の寺社が出て来る。神社としては、伊勢守の支配する除地五石三斗二升を有するものがある。ただし、この神社は除地三石三斗八升七合の鬼渡《きど》権現免と除地一石一斗八合の天照大神免と二つに分かれていた。両方とも開基以来

八五七、八年の由緒を誇っている。寺院にはまず曹洞宗の永昌寺があげられる。五石二斗三升の除地を持ち、永享三年(一四三一)に長倉遠江守家来中村備前の菩提所として開基されたと伝えられ、九一軒の檀家を持っていた。次に真言宗の西光寺があげられる。開基は明応六年(一四九七)で、「村中旦那祈願所ニ立付致」したと伝えられ、八二軒の檀家があった。そして、山伏の半弥がいる。彼は一五年前の慶安二年(一六四九)に山伏になった。

寛永一八年(一六四一)と寛文三年(一六六三)の上伊勢畑村の寺院を対照して、わずか二二年間しか経っていないのに久才がなくなり半弥が出て来るように、新寺が非常に流動的だということが指摘できる。南隣の山奥にある檜山村の常住院も、「開基帳」には載っていない。また、上伊勢畑村と檜山村の関係は非常に密接であったことも知られる。寛永の検地帳に除地を持っていた神社が出て来ないのも、鬼渡神社は檜山村の鎮守になるから[16]、除地は檜山村にあったためと考えられる。

ところで、右の寺社は宗教者のいる寺社である。このうち檀家を持っている菩提寺の永昌寺と祈禱寺の西光寺の檀家の合計は一七三軒と非常に多い。上伊勢畑村は一七世紀後半、煙草作の普及にともない人口が急増するが、それでもこの当時は九〇軒程度と推測される。多過ぎるのである。その理由として村外の者が入っていることが考えられるが、西光寺は「村中旦那祈願所」であったから、上伊勢畑村の村民が檀家であったとみてよい。永昌寺はどうであろうか。表1に元禄一一年(一六九八)の菩提寺と祈禱寺の檀家をみてみた。これによると、上伊勢畑村のほとん

表1　元禄11年上伊勢畑村菩提祈禱旦那寺改

軒数	菩提寺	軒数	祈禱寺
97	上伊勢畑村禅宗永昌寺	64	永昌寺
1	長倉村浄土宗正覚寺	7	下伊勢畑村伊勢守
1	大畑村一向宗寿命寺	9	永昌寺、伊勢守
		12	水戸上町ゑびす、治部
		6	永昌寺、治部

「上伊勢畑村菩提祈禱旦那寺改帳」(上伊勢畑区有文書166)より作成。軒数99軒、祈禱寺は1軒不足。

どの村民は永昌寺を菩提寺にしているから、寛文三年（一六六三）の時点でも事情は同じであったと思われる。すなわち、上伊勢畑村の村民の多くは両寺の檀家であり、菩提寺としては永昌寺を信仰し、祈禱寺としては西光寺を信仰していた。檀家とはその寺院で葬祭をする家のことであるが、上伊勢畑村の村民は祈禱寺に対しても檀家と意識していた。これは明らかに一寺院の檀家であることを強制する寺檀制度と矛盾する。上伊勢畑村の村民は一寺院の下で仏教を信仰していたのではなく、信仰の内容によって寺院を選んでいたのである。そして整理の結果、後述するように西光寺は破却されるが、その後も表1にみるようにかなりの村民が祈禱寺は永昌寺にではなく、ほかの神官などに依頼している。このことは、彼らの信仰は神道と矛盾することなく、融合する性格であったことを示している。

寺社レベルでの信仰の実態は右のようなものであった。それではより民衆の生活に密着した方面での信仰は、どのようなものであったであろうか。表2は寛文六年（一六六六）の

開　基	敷地（長×横）	祭　日	祭　形　体	修理者	備　考
大同元年	森(16 間× 17 間)	2 月 20 日	へいそく酒こわ食神主氏子	神主氏子	一村氏神
不知	森(120 × 80)	6 月中	精進の者社僧先達のつとう	先達村中	
不知	森(28 × 3)	12 月 27 日	社僧西光寺頼へいそく	地主	先祖より
不知	寺内	12 月 27 日	社僧西光寺頼へいそく	永昌寺	永昌寺鎮守
不知	百姓屋敷内森(6 × 3)	9 月 15 日	社僧頼へいそく	地主	先祖より
不知	百姓屋敷内	9 月 15 日	社僧西光寺頼へいそく	地主	
不知	百姓屋敷内	9 月 9 日	社僧西光寺頼へいそく	地主	先祖より
不知	森(30 × 15)	9 月 9 日	社僧西光寺頼へいそく	地主	
不知	森(13 × 10)	12 月 27 日	社僧西光寺頼へいそく	地主	
不知	百姓藪内	12 月 27 日	社僧西光寺頼へいそく	地主	先祖より
不知	百姓屋敷内	12 月 27 日	社僧西光寺頼へいそく	地主	先祖より
不知	森(16 × 14)	9 月 9 日	社僧西光寺頼へいそく	地主	先祖より
不知	百姓藪内	12 月 27 日	社僧西光寺頼へいそく	地主	先祖より
不知	百姓屋敷内	12 月 27 日	社僧西光寺頼へいそく	地主	先祖より
不知	森(11 × 10)	12 月 27 日	社僧西光寺頼へいそく	地主	
不知	百姓屋敷内	12 月 25 日	社僧西光寺頼へいそく	地主	
不知	百姓藪内	12 月 27 日	社僧西光寺頼へいそく	地主	

表２　寛文６年上伊勢畑村所在神社一覧

No.	社　　名	小字名	本　　体	社作	軒回高	社　領	祭　　主
1	天照大神宮	岩戸	（阿弥陀）	板吹	5尺.0寸.7分	1石108	伊勢守
2	富士権現	ふしやま	阿弥陀	板吹	3.3.7	なし	西光寺
3	鹿嶋大明神	根引	拾壱面観音	板吹	9.3.0	なし	地主喜兵衛助左衛門
4	鎮守白山	寺内	青蔵主（白山妙理）	板吹	2.7.2	なし	地主永昌寺
5	熊野権現	はしば	釈迦阿弥陀薬師	板吹	2.6.7	なし	地主伝之衛門
6	稲荷	はしは	不存	板吹	2.8.7	なし	地主伝之衛門
7	山神	しとの	不知	板吹	2.5.0	なし	地主権兵衛
8	天神	しとの	観音	板吹	2.5.2	なし	地主権兵衛
9	大明神	白馬	不知	板吹	3.2.7	なし	地主太郎左衛門
10	稲荷	ぬまノ上	不知	板吹	3.5.2	なし	地主与五衛門
11	神明	同所	不知	板吹	2.7.7	なし	地主与五衛門
12	稲荷	上之内	不知	板吹	3.2.7	なし	地主金之衛門
13	稲荷	新屋	不存	板吹	3.5.0	なし	地主五郎衛門
14	稲荷	大平	不知	板吹	3.0.7	なし	地主勘右衛門
15	稲荷	古内	不知	板吹	3.0.7	なし	地主清兵衛
16	天神	はら	観音	板吹	6.3.0	なし	地主与次衛門
17	稲荷	あいよし沢	不存	板吹	4.0.0	なし	地主左次衛門

「上伊勢畑村社書上帳」（上伊勢畑区有文書163）より作成。（　）内は抹消。

上伊勢畑村の神社の一覧である。全部で一七社ある。小字名の項をみて理解されるように、村内各地に分散している。社領の項と開基の項をみて明らかなように、№1の一村氏神＝鎮守天照大神宮以外は、社領もなく開基もわからない神社である。そのうえ、軒回高の項をみてわかるように、№1・3・16以外は小社というよりもいわゆる箱社である。[17] なお、このほかに上伊勢畑村の宗教施設としては、さきにみた寺院が三つと、仏教的小祠（地蔵堂の類）が後述するように六ヶ所ある。

表2をみて注目されることは、神仏習合というよりも、仏教が圧倒的優位にあることである。社名の項をみても、№2と№5は権現である。それ以上に本体の項をみると、№1・2・3・4・5・8・16は、本体が仏である旨記されている。残りは「不知」「不存」であって、「なし」とか「神のみ」とかいう書き方ではない。なぜ「不知」「不存」と書いたのであろうか。それはもちろん藩側が本体を尋ねたからである。神社の本体は仏であることが当然視されていたからこそ、この設問はなされたに違いない。そして、答える村民の側も当然視していたが故に、そのようなことはありえないというような表現ではなしに、「不知」「不存」と答えたと考えられる。

祭形体の項をみると、№2の社僧とは祭主の西光寺であり、それ以下も皆祭礼を社僧西光寺に頼んでいる。№5には西光寺と記されていないが、書き落しと認められる。[18] 僧侶が神社に祈禱していたのである。神の本体は仏と認識していたのだから、矛盾は感じなかったに違いない。当時の人々が神仏を異質なものとみていなかったことが示されている。しかも、祈禱僧の神社、神道への進出、仏教の優位のかたちにおいてである。光圀は祈禱寺を破却するように命じたが、その理由はたんに「宗門之背二法式一」だけでなく、さきに述べた寺檀制度の矛盾とともに、この祈禱僧の神道への進出が大きな原因となっているのであろう。

ところで、祭主の項をみると、No.1の天照大神宮の祭主は伊勢守となっているが、これには一考の余地がある。なぜならば、永昌寺の山号は天照山というからである。(19) この二つの寺社は、近世史料からは窺い知れないが、本来不可分の一体の関係にあったはずである。また、No.2の富士権現の祭主は西光寺、No.4の鎮守白山の祭主は永昌寺である。両社共寺院の支配する神社であった。

そのほかの小祠は村民が地主になっている。修理者の項をみると、これらの小祠の修理は地主がすることになっている。すなわち、これらの小祠は百姓持の神社であり、今日でも祀られている氏神であろう。このことをさらに確認しよう。敷地の項をみると、No.5・6・7・10・11・13・14・16・17は百姓屋敷か百姓藪内にある。備考の項をみると、No.3・5・7・10・11・12・13・14には「先祖より」とある。これはより正確に記すと、「先祖より立壱年一度祭」と書かれている。氏神的存在であるからこそ、屋敷地に祀ってあったり、先祖より祭ってきたと書かれたのである。しかし、それではこれから漏れた、「森」にあって「先祖より」とも書かれなかったNo.8・9・15は性格を異にする神社なのであろうか。そうではないであろう。「森」にあったNo.3とNo.12には「先祖より」と書かれている。このうちNo.3の鹿嶋大明神は宮下家の氏神であるが、家伝では最初山にあったのを屋敷に移したとあり、元の位置もだいたいわかるという。また、現在でも阿久津家の氏神は山中にある。[20] 氏神が家から離れた「森」の中にあってもおかしくはないのである。

右のように寛文初年までの上伊勢畑村では、小寺の興亡がみられた。一方村民は一宗派を尊信するのではなく、内容によって寺院を選び、いずれも檀家と意識した寺檀制度と矛盾する信仰をしていた。しかも神仏習合、というよりは仏教の圧倒的優位の環境にあった。こうしたなかで、村内には各家持の小祠が多数存在していたのである。この上伊勢畑村の実情は、当時の水戸藩領農村に一般化できる性格のものといえる。そして、もう一つ確認しておかなければならないことがある。それは表2の元となった史料「上伊勢畑村社書上帳」は、なぜ寛文六年（一六六六）六月晦日に作成されたかである。史料は何も記していないが、それは一村一社の制を確立させる根底を固めるために、小祠を破却するための調査であったとみて間違いない。寛文六年、水戸藩は寺院の整理のみでなく、神社の整理にも着手していたのである。

四　整理事業の進行と民衆の抵抗

寺社整理はどのように進行したのであろうか、またその結果、上伊勢畑村の寺社はどうなったのであろうか。それを知るために、整理後の正徳五年（一七一五）八月に作成された「寺社領除高御改書上帳[21]」を紹介しよう。

禅宗長倉村倉泉寺末寺
一除高五石弐斗三升皆畠　永昌寺
一百性地高六石九斗五升　同寺
内田壱石四升壱合
一鎮守天照大神
除高壱石壱斗八合皆畠　村支配
右之社領を以、下伊勢畑村祢宜伊勢守ヲ頼、年々祭礼仕候。
一百性地高弐石弐斗壱升三合　旦過門長
内田壱石四斗七升三合
破却寺并堂社跡先年埒明申候分
一百性地高弐石四斗壱升四合皆畠　西光寺
是《これ》ハ寛文六午年ニ破却被㆓仰付㆒、同未年ニ御払ニ成申候。
野田村山伏和光院同行半弥
一百性地高六石四斗八升　元俗与次衛門
是ハ寛文六午年元俗被㆓仰付㆒、百性ニ罷成申候。
一地蔵堂跡四ケ所

一薬師堂跡壱ケ所
〆五ケ所　此畠八升也　　本郷分
是ハ寛文十弐子年破却被㆓仰付㆒、跡地延宝元丑之年御払ニ被㆑成、同年より郷高へ入申候。
一稲荷明社跡弐ケ所此畠四斗八升也　　新田分
是ハ延宝弐寅年破却被㆓仰付㆒、跡地御払ニ被㆑成、同年より新田高へ入申候。
一日月社跡壱ケ所此畠壱斗也　　本郷分
是ハ延宝弐寅年破却被㆓仰付㆒、跡地天和元酉年御払ニ成、同年より新田高ニ入申候。
一阿弥陀堂跡壱ケ所此畠壱斗四升也　　本郷分
是ハ寛文十弐子年破却被㆓仰付㆒、跡地御払ニ成、芝付ニ而《て》指置申候所、元禄弐巳年畠ニ御改、同年より郷高へ入申候。
一天神社跡壱ケ所
是ハ延宝弐寅年破却被㆓仰付㆒、跡地御立山ニ被㆓指置㆒候所、元禄拾四巳年御払ニ成、分付山ニ組入申候。
一富士権現社跡壱ケ所
是ハ延宝弐寅年破却被㆓仰付㆒、跡地御立山ニ成申候。
一大明神社跡壱ケ所
一鹿嶋明神社跡壱ケ所

一熊野権現社跡壱ケ所
一観音堂跡壱ケ所、右鹿嶋明神森之内
〆三ケ所
是ハ延宝弐寅年破却被二仰付一、跡地百姓持山之内ニ御座候へ共、御払ニ成申候。
一稲荷明神社跡五ケ所
一山神社跡壱ケ所
一神明社跡壱ケ所
一天神社跡壱ケ所
〆八ケ所
是ハ延宝弐寅年破却被二仰付一候所、跡地百性共屋敷之内ニ御座候ニ付、御払ニ出不レ申候。

これによると、永昌寺と天照大神宮は破却されなかった。また何等かの処分を受けたか否かは記されていないが、天照大神宮は鬼渡神社と分離されたことは明白である。いつ分離されたか記した史料はないが、鬼渡神社は表2の寛文六年（一六六六）六月の書上に出ていないから、整理開始直後早々に引宮《ひきみや》されたといえる。神社整理の一村一社の方針は早くから実施に移されていたのである。永昌寺も処分が記されていないが、実はこの時に天照山の山号だけを残して、天照大神宮との一切の関係を絶たれたとみてよいのではないだろうか。

寺社の破却の指令は三回に分けて出された。すなわち、寛文六年（一六六六）には寺院に対して発せられた。西光寺は破却になり、翌年その土地は御払になった。なお住職は近村野口村蓮覚寺へ退去した。[22]山伏だった半弥は還俗させられて、与治衛門と名乗った。寛文十二年には仏教的小祠が破却を命じられた。地蔵堂四ヶ所と薬師堂一ヶ所と阿弥陀堂一ヶ所である。いずれも畑に開墾された。「諸宗非法式様子之覚」では、仏教の破却は寺院を対象としていて、小祠は第九条の神道のところにあるだけなので、一見御堂のような仏教的小祠は対象にされていないように解釈できるが、そうではなく、神仏習合したなかで仏教的小祠も破却の対象に含まれていたのである。延宝二年（一六七四）には、神道的小祠の破却が命じられた。これを表2と対照すると、表2のNo.1とNo.4以外は破却されたことになる。No.1は村の鎮守天照大神宮であるからともかく、No.4は永昌寺の鎮守白山である。この神社こそ神仏習合をもっとも象徴するものとして、真先きに破却されて当然と思われるのだが、破却されなかった。たしかに破却されなかったことは、次に述べる天和二年（一六八二）・三年の破却の書上にも載っていないし、寛政五年（一七九三）の社書上[23]には永昌寺鎮守が書き上げられており、さらに天保二年（一八三一）の社書上[24]にはより明白に、「永昌寺境内鎮守白山」と書き上げられていることから確認される。今日何も伝承は伝えられていないが、永昌寺の鎮守白山はかなりたしかな由緒を持つ神社だったのであろう。

破却された小祠の跡地は、稲荷二ヶ所が御払になって畑になったほかは耕地にはならなかった。天神社の跡地は御立山から分付山になって御払になり、富士権現社の跡地は御立山になった。富士権現社は西光寺の神社であったからともかくとして、表2のNo.8にあたる地主が権兵衛の天神社の跡地が、なぜ藩有林たる御立山に一度なったかは不明である。大明神社・鹿嶋明神社・熊野権現社は百姓持山の内にあったのだが、跡地はなぜか御払になった。ただし、熊野権現社は表2のNo.5で、敷地は百姓屋敷内とある。稲荷明神社五ヶ所と山神社・神明社・天神社は百姓屋敷の内なので御払にならなかった。なお延宝二年は、仏教的小祠の観音堂一ヶ所が破却された。これも百姓持山の内にあったのだが、御払になった。

このほかに寛文の書上にない小祠が正徳の書上には出て来る。日月社である。この神社の跡地は畑一斗になったというから、三〇坪程の敷地があったにもかかわらず寛文の書上に漏れた。このことは、村方から箱社まで含めて正確に書き上げさせることが、いかに困難なことであるかを示すとともに、寛文の書上がかならずしも正確でないことを裏付けている。日月社も破却されて跡地は畑になり高入れされた。それが本郷分なのか新田分なのか、両方とも書かれていてはっきりしない。また、寛文一二年（一六七二）にほかの仏教的小祠が破却されたときに、森の中にあった観音堂が漏れたのも、小祠の確認がいかに難しかったかを示している。

右のようにこまかい事情は不明な点が多いのだが、ともかく正徳五年（一七一五）の書上によれば、小祠は永昌寺の鎮守白山以外は皆破却されたのである。

ところで、正徳五年（一七一五）の書上には、百姓地二石二斗一升三合を保有する「日過門長」がいる。彼は元禄三年（一六九〇）の「鎮守神躰社改帳[25]」にも記されている。彼は間違いなく宗教者である。宗教者のいる寺社は寛文三年（一六六三）の「開基帳」に書き上げられたはずである。

そして、それに漏れた寺社は破却するのが寛文六年の指令であった。それ故に門長は寛文初年にはいなかったと認められる。それがなぜ上伊勢畑村に存在するようになったのであろうか。また、彼はどのような性格の宗教者なのであろうか。

元禄三年（一六九〇）の「鎮守神躰社改帳」によると、門長は妻子二人と三人家族で「ほうセう役」を勤めている。また、彼は十八世紀中期の寺社改帳にも出て来る。たとえば、延享元年（一七四四）の改帳[26]には、「坊宗道心」と記されている。道心といえば仏教関係の最下層の宗教者である。そのうえ妻子を持つ彼は、寛文六年（一六六六）四月の光圀の破却指令の表現を借りるならば、まさに「僧共俗共不ㇾ知[27]」存在だったといえる。こうした性格の門長が寛文以降上伊勢畑村に這入り込む余地は一つだけあった。それは墓守である。当時道心は墓守としてよく村方に置かれていた[28]。実は寛文六年には墓所の指令も出されている。その第一条の冒頭には、次のように記されている[29]。

一墓所守之事、百性ニ而《て》も何者ニ而《て》も可㆓罷成㆒もの見立可㆓申付㆒候。

この規定によれば、墓守を置くことが義務づけられるとともに、「何者ニ而も」とあるように、宗教者が墓守になることを否定していなかった。ここに道心のような最下層の宗教者が、墓守になる余地があったのである。上伊勢畑村の村民は、寺院・小祠が破却され、僧侶が追放・還俗にされても、なお別の宗教者を招き入れた。彼等の精神生活の空白を埋めるために必要だったからであろう。それはまた、民衆のささやかな抵抗の現れと考えられないであろうか。

村民の抵抗は右のような消極的なものにとどまらなかった。より積極的な抵抗をしている。正徳の書上によれば、小祠は寛文一二年（一六七二）と延宝二年（一六七四）の指令によって破却されたことになっている。しかし、整理事業が継続中だった天和二年（一六八二）一一月の「破却地改帳(30)」によれば、西光寺と山伏は「破却」と記されているが、小祠に関しては「跡」とあり、また「御払」ともあるが、「破却」とは記されていない。もちろん表題は「破却地改帳」であり、後書には「右之外破却地無二御座一候」とあって、一見別に問題はなさそうであるが、ここに大きな意味が隠されていた。天和二年の改帳は数筆分まとめて書かれており、そのうえこれ以上の説明がないのでこれ以上は明確にならないが、実は正徳の書上は続けて天和三年の小祠の改とその経緯を次のように記している。(31)

天和三亥年改帳面　上伊勢畠村

一富士権現此跡地御立山被レ成

一鹿嶋明神此跡地御払ニ成

一熊野権現此跡地同断

一稲荷七社此跡地　弐ケ所ハ御払ニ成　五ケ所ハ百性屋敷内ニて御払ニ不レ出

一山神社此跡地　百性屋敷内ニ而払ニ不レ成

一天神弐社此跡地　壱ケ所御立山ニ成　壱ケ所ハ百性屋敷内ニ而払ニ不レ成
一大明神此跡地御払ニ成
一神明此跡地百姓屋敷内ニて払ニ不レ成
〆拾五ケ所、是《これ》ハ延宝弐寅年社檀ハ鎮守社へ寄、跡地右書付之通埒明申候。
一地蔵堂四ケ所此跡地払ニ成
一薬師此跡地同断
一観音堂此跡地鹿嶋明神森之内ニ而《て》払ニ成
〆六ケ所、是ハ寛文拾弐子年跡地右書付之通埒明申候。
右ハ野口村ニ小沢善次衛門殿・石川伝六殿未八月十四日より御逗留被レ成、十四日ニ下帳持参懸二御目一、御意入不レ申、御指図を請、十五日ニ拵《こしらえ》十六日ニ持参申候。御意ニ入不レ申、同十七日ニ孫三郎・定衛門帳仕立持参申候。
此写ハ石川伝六殿御指図ニ而《て》、天和三亥帳面写被レ下候書付也。

やはり「跡」「払」とあるが、「破却」とは記されていない。むしろ一五ヶ所の神道的小祠は破却されたのではなく、延宝二年（一六七四）に鎮守社に寄宮《よせみや》になったことが記されている。一方、六ヶ所の仏教的小祠はそのようには記されていない。これはどうなったのであろうか。それを明記した史料はないが、元禄二年（一六八九）九月の「潰堂仏書上帳[32]」によれば、「堂つぶれ申候時分」に木仏観音一躰と木仏薬師一躰は地主から門長に、木仏地蔵一躰と石仏地蔵一躰は地主から永昌寺に寄せられ、木仏地蔵一躰は地主勘衛門が所持しているとある。破却寺の仏像の処置を定めた指令を寡聞の私は知らないが、光圀は水戸藩は辺境にあるため寺院の仏像は皆「粗朴」なものばかりで、これでは信心も起こらないと、これらを取り上げて久昌寺の山中に埋め、千仏塚と名付けたと伝えられる[33]。破却された小寺に優れた仏像があったとはほとんど考えられないから、これらの寺院の仏像は同様の運命をたどったに違いない。そして、その方針は小祠の仏像にも適用されたに違いない。そう考える時、仏教的小祠に安置されていた仏像が村に残されたことは、それなりの経緯があったことを十分窺わせる。寛文一二年（一六七二）に門長が在村していたか否か明らかでないが、仏教的小祠も寛文一二年に（正確には一つは延宝二年に）ただちに破却されたのではなく、天和三年（一六八三）の時点でも村内のどこかにまだ存在していたことが十分考えられるのである。

上伊勢畑村の小祠が破却をまぬがれたには、村民の抵抗があった。その一端が後書に記されている。未八月とあるから延宝七年（一六七九）八月に、藩の役人の小沢と石川が近村野口村に来た。そこへ下帳を持参したが、「御意入不レ申」と二回書き変えている。なぜ御意に入らなかったのか、それは下帳に書かれた内容が、前に出された指令とあっていなかったからであろう。すなわち、寛文一二年（一六七二）と延宝二年の指令が、この時までにきちんと実施されていなかったことを意味する。光圀の小祠に対する指令は破却であった。それと違って、上伊勢畑村の小祠は破却されていなかったのである。しかも村民達は執拗にくいさがった。二回書き直している。そして、受理されたとは記していない。しかし、上伊勢畑村の村民の要望は、天和三年（一六八三）にかなえられた。だからこそ最後に、「此写ハ石川伝六殿御指図ニ而、天和三亥帳面写被レ下候書付也」と記された。すなわち、天和三年に前文の内容が認められて、帳面が下附されたのである。しかし、それは光圀が正式に指令を訂正して公認されたものではなく、あくまでも寺社奉行所の内々の沙汰であった。正徳五年（一七一五）の書上には「破却」と書かれていることが、そのことをよく示している。正式には破却だったのである。そして、続けて天和三年の書上を書いた目的は、光圀の指令と違って小祠が残った理由を後世に伝えるためであろう。すなわち、村民の執拗な抵抗の成果であったことを伝えるために続けて書いたのである。

その後、整理事業がどのように展開したかは明らかでないが、元禄二年（一六八九）に「潰堂仏書上帳」が作成されたから、元禄二年までに仏教的小祠は破却された。しかし、神道的小祠は鎮守に寄宮になり今日に至っている。[34] 上伊勢畑村の神道的小祠は、村民の抵抗によって鎮守境内に寄宮になって残されたのである。それではこのことは一般的にいえるのであろうか。それを直接明示する史料を欠くが、たとえば明治になって水戸藩は神仏混淆廃止の達を出すが、そのなかに次のように記されている。[35]

近来陰祠を取立、俗人私ニ仕守いたし候類も有レ之儀ハ、御先代より御禁止被レ遊候事ニ付、是《これ》又鎮守社内江《へ》引移可レ申。

すなわち、「御先代」斉昭は淫祠を禁止し、鎮守境内に移したというのである。ここにいう淫祠は神道的なものである。しかし、斉昭が神道的淫祠を鎮守境内に移せと命じた布達を寡聞な私は見たことがない。『水戸藩史料』の淫祠を禁じた弘化元年（一八四四）二月の布達は次のようである[36]。

村々ニ而《て》珠数経帷子《きょうかたびら》等売買不ニ相成一段、寛文之度御触相成候処、追年相弛如何之事ニ付、弥以《いよいよもって》御停止相成候条、聊《いささかも》心得違無レ之様可レ致候。

一村々に有レ之念仏庵薬師堂等之儀、早々取払候様、—下略—

すなわち、仏教的淫祠にしか言及していない。ただ仏具を村方で売買することを禁じた第一条に、「寛文之度」とあるように、この布達は光圀の実績に基いて出されている。斉昭の宗教政策全体が、光圀の実績によって合理化されていたのである。だから淫祠の場合も、光圀のときに仏教的なものは事実破却したが、神道的なものは破却できず、内実は鎮守境内に寄宮になったことが、弘化と明治の水戸藩の布達に反映しているのではなかろうか。寄宮にすることを、斉昭は光圀のときの方式にならって正式に公布することなく、内達ですませたのである。すなわち、神道的小祠は全領的に鎮守境内に寄宮になったと考えられる。上伊勢畑村だけでなく、多くの村々が同様の抵抗をした成果といえよう。

五　寺社整理の終焉と宗教統制政策の改正

水戸藩の寺社整理は、寛文から元禄に至る長期にわたって実施された。このように長期にわたった理由は、神仏分離の方針の下、俗信を排除するために小祠の破却まで命じたためである。小祠の破却に民衆は抵抗した。そのうえ、小祠の整理は宗教者のいる寺社よりはるかに難しかった。なぜならば、宗教者のいる寺社と違って、小祠は数えること自体が難しいからである。担当した役人は、まず小祠とは何かで悩まされたに違いない。

上伊勢畑村には神社は一七、八社あった。この数は九〇軒余の農村の小祠まで含めた数としては少ないといえる。一軒一軒神棚を祀り、屋敷神があったとしてもおかしくないからである。ところで、表2の「社作」の項をみると、皆板葺きになっている。すなわち、ここでいえることは、屋外にある半恒久的な施設をもつ小祠だけが対象として認定されたことである。しかし、屋外にある小祠はそれだけではない。今日でもこの地方では藁宝殿を作る。たとえば、宮下家では屋敷内の寄宮された氏神の敷地跡に、毎年一回藁宝殿を作る(37)。板葺きの小祠と藁宝殿と、信仰の内容においてどれだけの違いがあるというのか。さらに自然のままの土地を神聖視して祀っていたことも考えられる。そのうえ、小祠といっても仏教的か神道的かも紛らわしかったに違いない。祭礼にしても神仏習合の上に村単位、坪単位、家単位と複雑であったに違いない。それらをきちんと調査して、方針を固めて整理に取り掛かった形跡はないから、何を破却・否定の対象にするかは、非常に困難な問題であった。おまけにそれは農民の日常的な精神生活と密着していた。

宗教政策の困難さは、小祠に現れたような見えない部分、数えられない部分をいかに厳格に把握するかにあるといえる。水戸藩の寺社整理は困難を極めた。そのことは、この間に寺社奉行に就任した八人のうち、天和二年（一六八二）三月に千賀正氏が禄召放《ろくめしはなち》に、元禄五年（一六九二）三月に佐野利隆が蟄居に処せられたことからも推測される。そして、元禄九年九月二三日に寺社奉行の人見道設が死亡してからは、寺社奉行は任命されなくなった(38)。長かった寺社整理も、一応の終結をみたとみなせる。

ところが、これまで水戸藩の神社整理は、一節に述べたように元禄九年（一六九六）八月から始まるとされてきた。その論拠は元禄期の神社整理を記した村毎の鎮守の書上である「鎮守帳」に、七三の八幡社が元禄九年八月から集中的に神社名を改めさせられたと記されていることにある。有名な光圀の八幡潰《つぶ》しである。この時期になぜ八幡社を否定したかは明らかにできないが、私は寺社整理全体からみると、八幡潰しは大した位置づけは与えられないと考える。なぜならば、「鎮守帳」の記載は社名・奉仕者・神体・除地の四項目からなっている。私は「鎮守帳」全体をみる機会をえていないが、その元になった「水戸領鎮守録(39)」をみると、そこに記された整理関係の記事はそれ程多くない。数え方にもよるが、元禄以降の分を含めても全領五百数十村で、一五〇をそれ程上回らない。神社整理はこれまで述べたように、寛文以来実施されてきた。一村一社の鎮守を定めるにしても、事実上ほとんどの村ですでに鎮守は成立していたと考えられるから、困難さはそれ程ではなく、かなり初期に決定されたと判断できる。鬼渡神社の引宮も早かった。奉仕者も神体も除地も同様のはずである。ただ後々まで決まらなかったもの、問題を起こしたものもあったには違いない。だからこれらの決定をみた年代を、もし一々正確に書き上げた帳簿が残っていたならば、寛文期の比重が高い数値が得られるであろう。そして、小祠まで含めた記録があったならば、元禄九年を中心とするこの数字は、ほんの一部を表現するものになることは疑いない。

これまで光圀の寺社整理を宗教者のいる寺社レベルでのみとらえたことが八幡潰しと結びついて、元禄九年神社整理開始説を生んだといえる。たしかに見方によっては、八幡潰しは大きく評価されなければならない。しかし、疑いもなくたしかなことは、最高責任者の寺社奉行を廃止して新たな政策的事業展開を開始することはありえないことである。元禄九年（一六九六）九月の寺社奉行の廃止は、奉行の人見道設の死亡という偶然事を契機とするが、この後享保一二年（一七二七）に再置されるまで寺社奉行を廃止していたことは[40]、八幡潰しといえども既成の方針の上に乗った、見通しのついていたことだったからである。元禄九年に水戸藩の寺社整理は基本的には終了したとみなさなければならない。ただし、困難な事業であっただけに、この後も未解決の問題が残り、またむしかえされたことはあったであろう。また村方に対しては、その後も順守されているかの調査がなされた。それ故に、上伊勢畑村の正徳五年（一七一五）の書上のたぐいの帳簿が、各地に残されたのである。

　長期にわたった寺社整理は、どのような成果を水戸藩にもたらしたのであろうか。仏教の影響力の農村からの大幅な減退は否めない。変化は宗教統制政策に現れた。本来光圀の寺社整理は幕府の宗教統制政策の上に実施された。そこでは寺檀制度との矛盾の解決が図られたし、宗門改をするに値する僧侶が求められた。幕府は寛文一一年（一六七一）に宗門改制度を強化して、宗門人別改帳の作成を法令化する。これに水戸藩はどう対応したのであろうか。

　今日水戸藩の宗門人別改帳は、寛文・延宝年間より古いものは残されていないが、同年間のものが各地に残されている。寺社整理の目的の一つが宗門人別改の強化・合理化にあったことをよく示している。ところが、天和以降における水戸藩の宗門人別改帳の報告事例を寡聞の私は知らない。一方、後年になると水戸藩は明らかに宗門人別改帳を作成しておらず、幕府の六年に一度の人別調査の時に、「惣人別並馬数改帳」の形式の人別帳を作成していた。宗旨改をしなくなったのである。この形式の人別帳がいつから作成されるようになったのか明記した史料を知らないが、『国用秘録』(41)には「御国中惣人別牛馬之事」の項があり、元禄一五年（一七〇二）から寛政一〇年（一七九八）までの間の七年分の数値を紹介しているから、元禄一五年まで遡れることは確実である。すると、この注目すべき転換は、天和から元禄にかけてなされたことになる。この当時、宗門改の弊害、すなわち僧侶の横暴が識者の間で取り上げられるようになった。貞享頃に熊沢蕃山が『大学或問』に、その後荻生徂徠が『政談』にそのことを指摘している。また、将軍吉宗は宗門改を廃止しようとしたとも伝えられる。(42)そのうえ、この時期はキリシタン弾圧は終わっていて、宗門改は事実上本来の意味を失っていた。水戸藩においても、キリシタン弾圧が行われたのは元和・寛永期であった。その後も宗門改によって厳しく取り締まったのだが、貞享四年（一六八七）に幕府が類族改《るいぞくあらため》の制度を整えた時、水戸藩は城下の町方と領内農村からキリシタンの子孫はいないとの一札を提出させた。(43)すなわち、キリシタン禁制のための人別改は無意味になったのである。

無意味な上に弊害の多い宗門人別改制度であったが、それは幕府の基本政策であった。普通はそれを否定することはできない。しかし、当時の水戸藩主は生類憐みの令をなかば公然と批判した光圀である。光圀は治政末期、天和から元禄初年のある時点で、宗門人別改制度の廃止を決断したと認められる。それは光圀なればこそできたことといえる。しかし、普通では光圀とてもできなかったに違いない。寺社整理によって、仏教の影響力が大幅に弱められたという前提があってはじめてできたのである。

宗門人別改制度の強化・合理化を目指した水戸藩の寺社整理は、まったく逆の結果となって終わった。光圀は弊害のみ多い宗門人別改制度を、仏教勢力の弱体化した時期をとらえて廃止した。水戸藩は弱体化した仏教寺院に代わって、直接領民を掌握するようになった。それは以前にまして、強力な藩権力を構築したことを意味しよう。

(1)「義公行実」『水戸義公伝記逸話集』四二三頁、吉川弘文館、一九七八年。
(2)『水戸市史』中巻㈠第六章第二節、水戸市役所、一九六八年。なお圭室著『江戸幕府の宗教統制』(評論社、一九七一年)にも同様の叙述がなされている。
(3) 彰考館所蔵・茨城県史編さん室所蔵の二種がある。いずれも完全な揃ではない。
(4) 彰考館所蔵。
(5) なお第四節として、「名君一代と水戸」がある。
(6)『勝田市史』中世編近世編、近世編Ⅱ—2、勝田市、一九七八年。
(7)『常陸太田市史』通史編上、第四編第三章第一節、常陸太田市役所、一九八四年。
(8)『那珂町史』中世・近世編、近世第二章第二節、那珂町、一九九〇年。
(9)「破却帳」(国立国会図書館所蔵)。『西山遺聞』『水戸義公伝記逸話集』二二九頁。「古今田賦考別録」『幽谷全集』七六〇頁、吉田弥平、一九三五年。
(10)「破却帳」。
(11)『水戸市史』中巻㈠、八四三〜八四四頁。
(12) 辻善之助著『日本仏教史』第八巻、三二八〜三三一頁、岩波書店、一九五三年。
(13) (11)と同じ。
(14) (10)と同じ。
(15) 茨城県常陸大宮市、上伊勢畑区有文書「常州茨城郡上伊勢畑村御検地帳」(一、整理番号、以下同

じ）。以下、上伊勢畑区有文書による時はとくに断らない。
(16)「水戸領鎮守録」（静嘉堂文庫所蔵）。
(17) ここでは軒回高を記したが、本社の大きさは軒回より一回り小さい。たとえば№2の富士権現の場合、本社の高さは二尺二寸九分である。
(18) この元になった史料は下書で、抹消・訂正がはなはだしいものである。「不知」「不存」の違いも、訂正もれから生じたものである。
(19) 以後の寺社改帳による。もっとも古い文書としては、元禄一一年「上伊勢畑村菩提祈禱旦那寺改帳」（一六六）。
(20) 上伊勢畑、宮下春羊氏談。
(21)「上伊勢畠村寺社領除高御改書上帳」（一六七）。
(22)「開基帳」・「上伊勢畠村破却地改帳」（九）。
(23)「上伊勢畑村社除高書上帳」（一七三）。
(24)「上伊勢畠村鎮守并末社改書上帳」（一一七五―三）。
(25)「上伊勢畑村鎮守神躰社改帳」（一六五）。
(26)「上伊勢畠村寺社領高辻書上帳」（一六九）。
(27)（9）と同じ。
(28)『水戸藩史料』別記下、三七～三八頁、吉川弘文館、一九七〇年。

(29) (10) と同じ。

(30) 「上伊勢畠村破却地改帳」(九)。

(31) (21) と同じ。この天和三年の書上では、正徳五年の書上で延宝二年に破却されたと記された観音堂の破却が、ほかの仏教的小祠と同じ寛文一二年と記されている。天和三年の書上は正徳五年の書上に続けて書かれているのだから、正徳の書上の筆者はこの点を知っていて、修正したと判断できる。

(32) 「上伊勢畑村潰堂仏書上帳」(一六四)。

(33) 『玄桐筆記』『水戸義公伝記逸話集』五七頁。

(34) 今日上伊勢畑の天照大神宮には一四の境内社があるが、そのうちの九社が各家の氏神である。近世これらの小祠が天照大神宮の境内に存在したことは、寛政五年「上伊勢畑村寺社除高御改書上帳」(一七三)・天保二年「上伊勢畠村鎮守幷末社改書上帳」(一一七五―三)・天保一四年「(上伊勢畑村寺社調)」(一二六四―一。カッコをつけたのはつけ表題のため。以下同じ)によって確認できる。ただし、近世中期の農村荒廃のために絶家が生じ、また新家が取り立てられたために、氏神はかなり変わっている。

(35) 「(神仏混淆廃止の達)」(一六九一―二)。

(36) 『水戸藩史料』別記下、三七頁。

(37) (20) と同じ。

(38) 『水府系纂』(彰考館所蔵)。ただし、寺社方が廃止になったのではなく、元禄九年一一月六日に寺社役を二名から四名に増員している。

(39) 圭室は「鎮守帳」を元禄九年のものとする(『水戸市史』中巻(一)、八七六頁)が、元禄期の帳簿を後年整備して書き直したものである。その時期は、この帳簿は水戸藩の郡方が五郡編成の時のものであるから、水戸藩の郡方が五郡編成であった元禄一五年から宝暦元年までである(仲田昭一「水戸藩郡制の変遷と郡奉行」『茨城県立歴史館報』17)。これに対して「水戸領鎮守録」は、ほぼ同じ内容が記されているが、四郡時代のものである。また、「鎮守帳」に比べて整備されていない。たとえば、社名が変わった神社の場合、旧社名が書かれ、その右隣に新社名が書かれている。したがって、より古い形体、元のかたちを残していると考えられる(ただし、西郡分は系統を異にして、整理関係の記載が少ない)。また、元禄一一年に合村した川戸村と成山村を別々に記しているから、元禄一一年以前に作成された帳簿を、そのまま写したものといえる。ただし、書き込みは次第に減少するが、宝暦まで続く。

(40) (38)と同じ。享保一二年三月一二日に宮田精貞と木村秀幹が寺社奉行に任命された。

(41) 茨城県史編さん委員会編『近世史料II 国用秘録』下、六八~六九頁、茨城県、一九七一年。なお一般の水戸藩領農村には牛がいないので、農村文書の人別帳の表題からは牛が脱ける。また、一八世紀には「人別帳」の表題も多い。

(42) 辻善之助著『日本仏教史』第九巻、一〇七~一一〇頁、岩波書店、一九七〇年。

(43) 『水戸市史』中巻(一)、八〇八~八二七頁。

あとがき

私は徳川光圀を惚れるに値する先人と評価している。それは、これまでいわれてきたような意味においてではない。たとえば、光圀の尊王論を取り上げてみよう。たしかに彼は尊王論を唱導した人である。ただし、政治的秩序を安定させる文化的宗教的権威としてである。その核心となっているのが、『大日本史』の編纂である。この書は、中国正史の伝統に従った紀伝体の書であった。したがって、光圀は天皇大権を干犯した人なのである。なぜならば、中国においては唐以降、正史の編纂は皇帝の大権行為となっていたからである。

仁政を施した名君であったとの評価も、確認しておかなければならない。その最大のものは農民に検見を任せたことである。しかし、光圀は水戸藩主であった。水戸藩の最高責任者である。農村を荒廃化させた責任は自分が負わなければならない。それなのに、責任は役人たちに押し付けて、自分が民を救うとの独断専行的な行為に走ったのである。これでは家臣たちから、自分の名声をえるための行為だと批判されても、仕方がないというほかかない。

少年時代、光圀は悩み苦しんだ。そして、一八歳のときに、名を伝えるために『大日本史』を編纂する決意をした。紀伝体の書とは、道徳的評価をした伝記集である。光圀はその編纂者にふさわしい道徳性を身につけ、高い道徳的評価をえようと努力した。その高さは、儒教において最高の存在である聖人であったと、私は認める。光圀は名を伝える、それも最高の人格であったとの、この目的を達成するために生涯を賭けたのである。逆にいえば、『大日本史』も尊王論も仁政も道徳主義も、この目的を達成するための手段だったのである。

最高の評価をえるために、光圀は最大の努力をしたに違いない。しかし、光圀の努力は報われなかった。政治的には失敗し、思想的には矛盾に陥った。光圀は悩み苦しまなければならなかった。綱吉の処罰は、それを増幅した。光圀は救いを求めて仏教に近づいた。人間とは、か弱いものだと私は思う。私などつねに救われたいと思っている、といっても過言ではない。しかし、光圀は悩み苦しみながらも、最高の存在であろうとする意志を貫き通したのである。この点をこそ、私は評価するのである。

末筆になりましたが最後に、出版事情の厳しいなかで本書の出版を快諾された明石書店の石井昭男代表取締役社長・森本直樹専務取締役と、担当された内田光雄氏に深く感謝の意を表します。

吉田俊純

二〇一四年一二月二三日

初出一覧

第一章「世子決定事情」『筑波学院大学紀要』第8集、二〇一三年、原題「徳川光圀の世子決定事情」
第二章「初政の人事」『筑波学院大学紀要』第9集、二〇一四年、原題「徳川光圀の初政の人事」
第三章「苦悶の西山隠棲」『歴史文化研究（茨城）』創刊号、歴史文化研究会（茨城）、二〇一四年、原題「徳川光圀、苦悶の西山隠棲」
第四章「寺社整理と村落」『地方史研究』第二五三号、地方史研究協議会、一九九五年、原題「徳川光圀の寺社整理と村落」

著者紹介

吉 田 俊 純（よしだ・としずみ）

1946 年、東京都に生まれる。

1971 年、横浜市立大学文理学部卒業。

1974 年、東京教育大学大学院文学研究科修士課程修了。

現在、筑波学院大学経営情報学部教授。

【著書】

『後期水戸学研究序説——明治維新史の再検討』（本邦書籍）

『農村史の基礎的研究——茨城県地方史研究Ｉ』（同時代社）

『明治維新と水戸農村』（同時代社）

『水戸光圀の時代——水戸学の源流』（校倉書房）

『常陸と水戸街道』（吉川弘文館）

『熊沢蕃山——その生涯と思想』（吉川弘文館）

『近世近代の地域寺社の展開過程——常陸国高田神社を事例に』（名著出版）

『寛政期水戸学の研究——翠軒から幽谷へ』（吉川弘文館）

徳川光圀

——悩み苦しみ、意志を貫いた人

2015 年 1 月 31 日　初版第 1 刷発行

著　者　吉　田　俊　純

発行者　石　井　昭　男

発行所　株式会社　明石書店

〒 101-0021　東京都千代田区外神田 6-9-5

電　話　03（5818）1171

ＦＡＸ　03（5818）1174

振　替　00100-7-24505

http://www.akashi.co.jp

装　幀　明石書店デザイン室

印刷・製本所　モリモト印刷株式会社

（定価はカバーに表示してあります）　ISBN978-4-7503-4127-9